南天王陳濟棠自傳

廣東現代化的傳奇推手

陳濟棠・原著　**蔡登山**・主編

「南天王」陳濟棠和其傳記

蔡登山

陳濟棠（一八九〇～一九五四），字伯南，出生於廣東防城，粵系軍閥代表，一級上將，曾集廣東黨政軍大權於一身，有「南天王」之稱。

陳濟棠出生在一個亦耕亦讀的家庭，六歲入私塾讀書，十六歲時應鄉試，榜列第三。一九〇七年，陳濟棠考入廣州黃埔陸軍小學，次年，與同班同學鄧演達等祕密加入了同盟會。一九一二年再入廣東陸軍速成學校。一九一三年畢業後，在廣東地方部隊任排長，不久升任連長。一九一五年，他參加討袁（世凱）倒龍（濟光）戰爭，失敗後，輾轉到肇慶投護國軍的林虎部。一九一八年，他奉命率部駐防陽江剿匪。亂平後，他率先以兵工作修橋建設，因而積功升任營長。一九二〇年粵桂戰爭中，他脫離了林虎部。十一月，粵軍參謀長鄧鏗組建粵軍第一師，他應邀在該師任第四團（團長陳銘樞）第一營營長。一九二二年六月十六日，陳炯明策動反對孫中山，圍攻觀音山大元帥府。團長陳銘樞不久離職去上海，第四團暫時由陳濟棠統領，回駐肇慶。年底，孫中山聯絡滇軍楊希閔、桂軍劉震寰入粵討伐陳炯明，陳濟棠表示支持孫中山。在李濟深的布置下，陳濟棠與鄧演達、張發奎配合滇桂軍合力進攻，擊敗了陳炯明的叛軍，重新佔領了廣州。一九二三年一月，陳濟棠升任第一師第二旅旅長。四月，桂軍沈鴻英部進攻廣州，陳濟棠指揮第二旅配合張發奎、鄧演達部攻破肇慶城，並乘勝佔領了西江。七月，兩廣革命勢力在梧州會師，成立西江督辦公署，李濟深任督辦，陳濟棠兼任督辦公署參謀長。一九二五年十月，第一師擴編為國民革命軍第四軍，李濟深任軍長，陳濟棠升任第十一師師長。一九二六年率領第十一師與張發奎獨立旅渡海攻打海南島。

一九二七年春，以國府代表名義，赴蘇聯考察。同行者有政治部主任林翼中，暨空軍及其他技術人員二十餘人，當他抵莫斯科時，值國內清黨，蘇俄對其態度驟變，既阻其轉赴歐洲，復欲迫之加入共黨，幾經交涉，遂於六月間返國。寧漢分裂後，他回到廣州，他復任第十一師師長。一九二九年在蔣桂戰爭中失利敗回廣西的李宗仁，白崇禧、黃紹竑，便傾全桂之兵，向廣東進攻，於五月上旬佔領西江各縣。粵軍第五軍軍長徐景唐也舉兵迴響，直逼廣州。陳濟棠採取各個擊破的戰略，以一部兵力（蔡廷鍇旅）牽制徐景唐部，集中主力於花縣的赤坭、白坭地帶向桂軍進行全力反攻，將李、白部戰敗，並乘勝追至廣西邊境，以香翰屏旅會同蔣介石的第四路軍分途入桂。打敗李、白部後，即增兵粵東，反攻東江的徐景唐部。於七月十日將徐部四面包圍於信豐，全部殲滅。一九三〇年中原大戰展開，張發奎由宜昌率一師之眾，與桂軍聯合，東下攻粵。陳濟棠調蔣光鼐、蔡廷鍇兩師趕返，一面急電請中央增援。不久，中央派第六路軍朱紹良的三個師入粵助戰。陳濟棠臨危不亂，使用總預備隊，並盡調左翼部隊，先擊破張發奎軍，繼瓦解桂軍，卒反敗為勝。李宗仁、白崇禧、黃紹竑和張發奎，為策應馮玉祥、閻錫山作戰，乃放棄廣西，揮軍入湘。蔣介石急電陳濟棠派兵入湘，截擊張桂軍，在衡陽與張桂軍決戰，大敗之。經此一役，西南局面大定。陳濟棠命蔣光鼐、蔡廷鍇兩師，開赴山東、河南同馮、閻兩部作戰，將馮部主力擊破。中央論功行賞，將蔣蔡兩師合編為十九路軍。

一九三一年蔣介石與胡漢民意見不合，胡漢民被幽禁於南京湯山。訊息傳開，軍政各界都極為震動。胡派首腦人物古應芬等逃往廣州，到處點火，掀起了反蔣高潮。孫科、陳濟棠、汪精衛、唐紹儀等在廣州通電反蔣並驅走廣東省長陳銘樞，成立廣州國民政府，陳濟棠任第一集團軍司令。十二月寧粵和談，蔣介石下野。

決定在廣州成立中國國民黨中央執行委員會西南執行部和國民政府西南政務委員會（簡稱西南兩機關），陳濟棠和李宗仁均任常務委員。表面上，全國黨政復歸於統一，但兩廣仍維持半獨立局面。胡漢民只主持西南政務，陳濟棠實際上已成為握有軍政大權的「南天王」。陳濟棠平生最為人稱道的，大概應是他「治粵八年」的種種業績；而他生平最得意的「作品」，卻當屬《廣東三年施政計畫》。

該計畫洋洋灑灑四十萬字，描繪了廣東一九三二～一九三五年的美好藍圖，可看作「陳濟棠神話」的一個提綱。他在主粵期間，政治上與南京中央政權分庭抗禮，使廣東省長時間處於半獨立半割據狀態，但在經濟、文化和市政建設方面均很有建樹，為廣州的現代化進程打下了一定的基礎。三十多條新開馬路、一大批工廠、港口公路、大中小學等紛紛出現，而物價相對穩定，市場繁榮，市民生活有了一定程度的改善。使古老的廣州一躍成為能比肩上海等現代大城市，也使廣東省在國民黨黃金十年發展期間一躍成為模範省。

陳濟棠把廣東變成自己的獨立王國，轟轟烈烈地幹「事業」，蔣介石自然不會視而不見，蔣介石的步步緊逼，胡漢民等反蔣元老派的一再施壓，方士們「機不可失」的乩語之下，迫使陳濟棠在反蔣與維持現狀之間痛苦地徘徊逡巡。他既不願冒天下之不韙成為挑起內戰的元兇，更不願放棄「南天王」的寶座。然而，歷史並沒有給他留下太多迴旋的餘地。一九三六年五月十二日，胡漢民猝死廣州，使得南京中央和以廣東為首的西南聯盟之間的固有矛盾頓時激化。六月一日，陳濟棠以西南執行部和西南政務委員會的名義通電全國，呼籲國民政府領導抗日。四日，以陳濟棠、白崇禧為首的西南數十名軍事將領，聯名通電響應西南兩機關，並於八日將兩廣部隊向湖南方向開進。這場由陳濟棠等人發動的反蔣運動，一出爐就引起了全國震動，成為中外人士都十分關注的重大政治事件，史稱「兩廣事變」（亦稱「六一事變」）。六月下旬，蔣介石暗向西南調集軍隊。此時，被蔣介石派到廣州活動的蔣伯誠，對分化和收買陳濟棠的部下也收到效果。七月四日，陳濟棠部余漢謀由廣州到大庾，召集第一軍將領商議，一面打電報給南京政府，向蔣介石報告請示，一面集中兵力準備向南雄、韶關推進，對陳濟棠進行兵諫。六日，第二軍副軍長兼東區綏靖主任李漢魂掛印離職赴香港，翌日通電反陳。此時，西南兩機關的蕭佛成、陳融、劉廬隱、鄧青陽、楊熙績和廣東省主席林雲陔、廣州市長劉紀文等紛紛出逃，陳濟棠借以發號施令的西南兩機關隨即解體。十三日，陳濟棠被南京國民黨政府免除本兼各職。十四日，余漢謀在大庾宣誓就任蔣介石任命的第四路軍總司令和廣東綏靖主任，並發表通電，敦促陳濟棠於二十四小時內離開廣東。同日，第二軍軍長張達也被蔣介石收買，聲明服從「中央」，並著手迎接余漢謀來廣州上任。十八日，空軍司令黃光銳、參謀長陳桌林分乘三架飛機於香港機場降落，各種飛機七十二架先後飛到南昌機場投靠蔣介石。陳濟棠見眾叛親離，大勢已去，只得於七月十八日電余漢謀以廣東治安相托，並發表告袍澤，告同胞書，聲言下野。黃昏之際，他攜帶平日聚斂的兩千六百萬元白銀，與其兄陳維周及衛士十多人一道從黃埔魚珠炮臺登上「海虎」號軍艦，悄悄離開了廣州。晚上九時許，陳濟棠一行換乘英軍「蛾」號軍艦，踏上了逃亡香港的行程。這天，天氣十分惡劣，海上風雨交加，軍艦行進緩慢。陳濟棠一個人呆坐在艦艙，沉默無語，黯然失神……「南天王」生涯驟然落幕，紛擾了五十多天的「兩廣事變」遂告結束，同時也結束了陳濟棠對廣東的割據局面。

陳濟棠到香港後，蔣介石派黃鎮球去安慰他，說將來借重他的地方還多。此後陳即出洋考察。一九三七年春，赴奧地利、南斯拉夫、保加利亞及土耳其等國考察，在土耳其時，忽患惡性瘧疾，痊癒後，轉赴希臘遊覽，旋再至瑞士修養。抗戰爆發後，陳濟棠由歐洲回國，雖然一再對蔣介石表示忠心，可皆未問鼎要職，只任國民政府委員及最高國防委員和戰略委員。一九四〇年春，更任國民政府農林部長（此職為蔣介石安置下野軍閥的專用職位，東北的沈鴻烈、新疆的盛世才均擔任過這一職務）。一九四二年，又被任命為國民黨中央執行委員會常務委員會委員。日本投降後，陳濟棠奉命為兩廣宣慰使，由重慶回到廣州。一九四九年四月，陳濟棠被國民政府任命為瓊崖行政長官。一九五〇年陳濟棠去了臺灣，任國民黨中央執委會常委及總統府資政。他正欲在臺設德明中學校，以紀念孫中山先生，不料於一九五四年十一月三日在勘察校址時，突然患腦血管栓塞去世，終年六十三歲。

陳濟棠垮臺後，在農林部長、兩廣臺灣宣慰使、海南特別行政區行政長官等虛職上短暫停留後，便一直賦閒無事。當年的「南天王」，再也沒有回到萬人矚目的「舞臺」。

《陳濟棠自傳稿》是作者對其一生事蹟簡明扼要地回憶，其中所涉，包括辛亥革命、廣東革命根據地統一、北伐、國民黨內部鬥爭、抗戰、國共內戰等。其中許多內容與軍國大計相關，富有史料價值。然而因為是作者晚年所寫，牽涉許多事情難免有所諱飾，因此編者又找到汪希文所寫〈「南天王」陳濟棠外傳〉

一文做補充。汪希文，是汪兆鏞之子，汪精衛的胞姪。汪希文生於光緒十六年九月初六日（一八九〇年十月十九日），只比汪精衛小七歲而已。汪希文是國民黨元老古應芬的高足，民國六年護法之役，孫中山在粵稱大元帥，汪希文在內政部為簽事（居正、葉夏聲分任部長、次長）。汪希文在抗戰前，不過曾任廣東番禺縣長，後來任國民政府財政部簡任秘書、汪偽政府時任行政院參事，外放浙江省政府委員，兼糧食局長，又調社會福利局局長，再調浙江省第四行政區行政督察專員兼區保安司令，論官階不過簡任一級。汪希文晚年流落香港，他也是命理學家，於當時的術數界頗負盛名。汪希文於遲暮之年，而尤需賣文為活；以他的詩書傳家，竟效君平賣卜，我們可以體味到他晚景的孤寂淒涼，與生活的清苦艱窘。一九六〇年二月十五日，他服安眠藥自殺於香港沙田萬佛寺。

汪希文也屬於粵人，當年對於粵系軍閥有特別深入的研究，如粵系「三濟」——即龍濟光、李濟深和陳濟棠都有長文論及。其中對陳濟棠，有其近身的觀察，較之他人所寫的傳記，當有更珍貴的史料。而這長文當年僅發表於香港《天文臺》報紙上。從未結集出版過，因此知者甚少。筆者鑑於其資料之可貴，乃重新打字校對，合為一書。使其對當年諸事之顛末，有其脈絡可循，當有助於對其整個歷史背景的瞭解。

目次

「南天王」陳濟棠和其傳記／蔡登山　3
一、家世述略　15
二、童年生活　18
三、投筆從戎　20
四、陳炯明叛變　25
五、伐沈之役　30
六、西江督辦公署　35
七、整肅滇桂軍　41
八、赴蘇考察　46
九、斡旋寧漢　52

十、綏靖粵西　55
十一、兩廣部隊之編遣　58
十二、胡漢民事件與粵局　68
十三、廣東三年施政　70
十四、反對閩變　82
十五、赴歐考察　86
十六、全面抗日　97
十七、出長農林　103
十八、戰後瑣憶　110
十九、南海風雲　115
二十、由瓊來臺　121
二十一、興學概述　125
附錄一：香港脫險記　128
附錄二：「南天王」陳濟棠外傳／汪希文　147

一、家世述略

余於民元前二十二年（西元一八九〇年）正月二十三日寅時，生於廣東防城，河洲峒望興村，據云母分娩時難產，歷時二日始出世。父金益公字謙受（為取滿招損，謙受益之義）務農為業，終歲勤勞，胝手胼足，尚得溫飽。母鄧太夫人，為河洲大田村人氏，出自當地望族，十九歲於歸余父，主持家務，節儉勤勞，相夫教子，碌碌終生。

兄弟同母者多達六人，尚有濟集、濟南二弟出自繼母林太夫人，在農村社會中，自屬人丁興旺，余為同母中最後一人，而長兄年齡相差甚遠。

長兄濟華，年七歲時因出痘，毒落其足，竟成殘廢，父憂其不能自立，惟有養其終生，而母則主其讀書，兼習醫卜星相，後設塾教學，凡二十餘年，余曾受教門下，實乃長兄而兼嚴師也。

二兄濟隆，自幼佐父稼穡，及長，兼善土木工作，故居茅坡新宅之落成，即係二兄勞心勞力，親為設計之產物。

三兄濟嶽，代父勤勞，致力耕種，惟其體弱多病，未及壯年便撒手人寰。

四兄濟恩，天賦聰穎，於科舉時代曾取過功名邑庠生。端午時節參與當地龍舟競渡，以不諳水性，舟覆河中。被溺時年四十有一。

五兄濟湘，（字維周）長余四歲，稍長即離鄉改讀學堂。

防城僻處邊陲，曾祖炳傳公原籍廣西省博白縣，因該處地狹人稠，乃向外發展，四度搬遷，歷盡艱辛，始定居廣東防城河洲上峒之大田村，胼手胝足，興家立業，為本族之開基祖也。炳傳公有四子，（埰祥、埰禮、埰信、埰儒）埰信公則為余祖父，後由大田村分居望興村，開闢耕地，辛勤稼穡，娶祖母何太夫人。埰信公有五子（金芳、金益、金秀、金湘、金鴻）父居其次，以耕讀傳家，故余自幼，即習於農村生活，時四叔金湘公在村旁設館教學，六歲母即送余入學啟蒙，每日且携厤籃至館，伴余就讀。幼年余性尚聰慧，每日課業，可比儕輩早熟，提前在一二小時內完畢乃携余及早返家，舉炊及飼餵牲口。

二、童年生活

光緒十一年，適法國侵略安南，清廷派馮子材率兵救援，廣西提督蘇元春亦率兵入越歸馮子材指揮，清廷與法議和後，割讓安南與法，蘇元春回師駐屯於河洲峒望興村吾家附近，余見其威勢甚盛，心竊慕之，逕往求見，為衛士阻不得入，乃放聲大哭，時蘇元春適在室內洗足，聞余哭聲詢問究竟，乃飭衛兵引見，垂詢姓氏、父母、兄弟及讀書諸事甚詳，余一一作答，了無懼色，大受元春宮保之嘉獎，而以宮保相期許，並賞給銀元一枚，衛士亦贈猪肉一碗以示慰問，長輩對此莫不引為驚異。余返家後即將銀元交由母親收藏，余自幼及長，凡屬長輩所賞賜莫不如此，從未私自積蓄，亦未私自浪費。

幼時好動，常喜與儕輩作兵戰之戲，多以竹木棍作為兵器，番薯芋頭生果乃為軍糧，有時以飯焦作犒賞，率領儕輩以嬉戲相搏為樂。八歲失恃，母臨終時農曆二月三十日，知余驟失慈愛，必極痛楚，囑余停學一年，以免增加痛苦。在此一年間，幼小心靈所受之創傷，實乃畢生所無法彌補者。常於每日下午三、四時後，即至大門前席地而坐，盼望母親魂返歸來，親戚鄉人見之輒加撫慰，倍感悲慟。及後每遇母忌辰，必素食以誌哀思，並以未獲報答母恩為生平最大之憾事。

十一歲，隨父遷居於羅浮崗茅坡村高營社，至十二歲即為大兄濟華代館並寫字格出賣，每張出售銅錢三文。十四歲，聽講各種經書。十六歲，應考義課會（此為地方父老獎勵讀書青年而設者），忝列第三，頗以才名聞於鄉井。十七歲，隨胞兄維周入防城兩等小學攻讀，校在縣城，距家百餘里，寄宿校中，本邑地方偏僻，學校成立之遲不難想見。

三、投筆從戎

民元前五年（西元一九〇七年）入欽縣警察講習所，六個月畢業，同年考入陸軍小學校，次年春，由鄧仲元（鏗）先生介紹，與同班同學鄧演達等祕密加入同盟會，從事革命運動。武昌起義後，鄧仲元先生入淡水，余與鄧演達等即赴香港，正擬赴淡水隨鄧仲元先生進行革命，時張鳴岐任兩廣總督，本黨同志函電交趨，迫其離粵以保全性命，總理在美國，亦電勸其離粵由胡漢民先生接任都督，民元前一年（西元一九一一年），乃兵不血刃而光復廣東。武昌起義後四十餘日內，聞風響應者達十餘省，旋在廣東成立陸軍速成學校，並收容吾等為革命而逃亡之青年入校受訓，俾資深造。

民國二年，討袁失敗後，余已畢業於陸軍速成學校，繼存革命意志，暫時依附瓊崖督辦陳榮廷任中尉差遣員，擬藉陳氏為掩護，候機革命，當時待遇頗優，但後因見督辦公署職員吸食鴉片者頗不乏人，共有煙槍十餘枝，認為腐敗不足以言革命，乃辭職，復入蘇汝森團任機槍連排長職務，常以剿匪為名而報銷子彈。儲備以為革命之用。後蘇汝森為龍濟光所殺害。余如無法立足，於調返廣州駐紮四標營時，乃將前儲備之子彈推落井中而辭職他去。時值黃植生任瓊崖督辦，乃復返瓊，擬藉黃氏以為掩護，潛伏從事革命工作，黃氏知余為革命青年，乃不敢信用，不得已離瓊返廣州，並改姓何，潛伏於寶璧軍艦大副丁守臣家中，蓋其妻亦姓何，彼此認親，藉以掩護。余慫恿其任中區司令，自任副司令，並接受香港鄒海濱（魯）先生指導，而以黃質文擔任聯絡。

民國四年，余介紹羅侃庭與鄒海濱先生認識，共謀倒龍濟光，鄒氏派羅侃庭往汕頭運動軍隊，因事機不密，被龍濟光部潮梅鎮守使馬存發所殺害。民國五年春夏間，余在廣州得知派往運動龍濟光軍隊而被殺之同志為數甚眾，黃質文亦因從事聯絡工作不幸事洩被扣，因而決定由丁守臣率領海軍寶璧艦及江大艦起義，余率陸軍，約定時刻，以鳴炮為號，共同起事，惟因海潮退落關係，寶璧艦須由江大艦拖出始能行駛，然江大艦無法拖動寶璧艦，乃自行駛走，因所約時間已過，兵艦不發砲即逃至香港，致牽累陸軍無法起事。時魏邦平在港，適此兩艦因革命到港，乃乘寶璧艦率江大艦返穗，與龍濟光談判，請釋放革命同志，因此黃質文亦於此時獲得釋放。

此次起事失敗後，討袁之舉仍風起雲湧，未曾稍戢，但各地革命組織多被龍濟光所破獲，同情革命而被殺者甚眾，余迫不得已，乃赴香港嗣轉肇慶，任護國軍第六軍林虎部第十六團少校團附，原來之護國第二軍即滇軍李烈鈞，亦出廣西會同陳榮廷部進攻廣東之龍濟光部，部隊進攻將至石井兵工廠時，龍乃講和，軍事結束。林虎乃電薦其參謀長成晃任欽廉道尹，林氏自任高雷鎮守使，余隨返任道尹公署視察委員。閱數月，成晃復任北伐軍司令，出南雄、始興，余隨任少校副官，因見副官處處長萬某虐待伕役而呈辭，並將其虐待伕役情形報告成晃，卒將萬某撤職，此後即在廣州閒住約半載，閉門讀書。後林虎部之第二團營長陳德平邀余任連長，陳氏曾在第十六團任中校團附，與之有同事之誼，彼認為該連乃極不易統率。蓋其內部曾有三十六人為土匪出身，野性難馴，指揮不易。余初到職之日，即召集各班長訓話，集合之後，其中有一人請求離席，乃知其心有不服，藉故他去，但亦故作包容，以和悅顏色向該班長曰：「汝未吃飯則可先去吃飯。」仍繼續訓話，余先用懷柔方式以教士兵讀書寫字，施以教化及恩惠。後有伙伕偷米出賣，經查覺後，乃嚴予懲處。其初，士兵們認為可欺，不善領導，自此之後，士兵心理改變，始一切聽命。

五個月後，奉調陽江仔洞剿匪，時陽江匪勢甚熾，余剿撫兼施，卒以六個月時間，平定陽江西水一帶匪患，旋接受陽江縣長委託，協助地方興辦學校、啟導民智、整頓警察、訓練民團綏靖地方、開闢交通以利民行、改良仔洞市政，一時政風丕變，人民稱道不已。翌年升為營長，調陽春剿匪，適值民國八年在閩粵軍回粵，余調所部出陽江，會合陳真如（銘樞）營及李崑岩營，獨立而自為統領，甌真如任司令，李崑岩仍任營長，出西江會同魏邦平部，在蓮塘徑堵剿莫榮新殘部，迭有斬獲，時鄧仲元（鏗）先生任粵軍參謀長兼第一師長，乃調余任第一師第四團第一營營長，駐四標營訓練。鄧先生原為陸軍小學時之教官，除師生之誼外尚對余練兵認為有辦法者，每週召見一次，垂詢練兵方法，在精神上不啻成為鄧先生之助手。當時練兵要點，著重於「思想」及「戰術」之訓練，使部隊學校化。親自指導班、排、連長，使之認識三民主義增強革命信念；一方面另撥小部分公費，使之從事生產，如編織草鞋、種菜、養猪等，並鼓勵節約儲蓄。定每晚九時前，必以半小時會商翌日訓練之重點。其他二、三兩營營長，亦為舊日同僚，且係同學，故每晚亦必會談二十分鐘研議訓練事宜，由此第一師第四團之訓練基礎因而奠定。民國九年，粵軍討廣西時，沈鴻英反攻，曾攻入連山縣一帶，粵軍第二軍之一部，在北江方面敗衂，鄧先生調第四團加入作戰，余以區區一營之眾，在陽山城北之高地，擊敗沈鴻英一旅之師，鄧先生至為嘉許，後復用全團乘機追擊，戰果輝煌，鄧先生認為此乃余訓練之成功，犒賞第四團伍仟銀元，是為統兵以來又一次殊榮。

四、陳炯明叛變

民國十一年三月二十一日，鄧仲元先生在廣州為陳炯明所謀害，總理撤陳炯明職後，即由桂林組織北伐部隊，明令粵軍第一師及第二軍任前鋒，出江西贛州，勢如破竹，銳不可當，第四團攻贛州正面之王八嶺，時值夏季，雨水連綿，攻贛州歷時十一日始破城而入。王八嶺之役中，第四團第二營營長李時欽陣亡，此時陳逆炯明正急與北方吳佩孚等聯合謀叛，六月十六日竟砲擊觀音山大元帥府，總理避赴永豐艦。胡漢民先生乃至贛州，請北伐軍回師擊陳炯明，第一師由三南入連平、和平，經老龍回粵。到老龍後，陳炯明即派人前往運動，當時致送第一師每團團長伍仟元，而第四團則由陳炯明特派秘書黃居素携親筆函致團長陳真如，並面洽。黃居素云：「奉陳炯明命來慰勞第一師各部隊，每團致送慰勞金伍仟元。」陳真如則問余：「此款可否接受？」余答謂：「如接受，須聽命陳炯明，否則須聽總理之命令。」彼答謂：「此乃理所當然。」余謂：「不然，蓋吾人從事革命，有吾人革命之見解與立場，絕不能見利而改變吾人之革命意志，而去接受陳炯明之命令，且陳是總理撤職之人，更絕不能接受其命令。」惟微察真如之意，是欲接受陳炯明之命令，並欲升任旅長，故最後余則謂：「接受命令攻擊第二軍乃是反覆之人，非革命軍隊幹部之行為也，此錢不可接受。」真如反問，「接受錢後又將如何？」余謂：「接受錢，僅表示團長個人接受，而非全體官兵接受，可先將部隊向第二軍靠攏，將來如何再作打算。」之後，當部隊開至翁源時，第二軍團第一師第三團（陳修爵部）取道廣州轉北江、馬壩，加入攻擊後，已被陳炯明擊敗。第二軍不得已，乃調往福建，陳真如對於此次事件，事後認為自己革命立場不夠堅定，引咎自動辭職，乃由余接任團長。余接任後，即將部隊移防肇慶，為表示革命氣節，在任內期間，未與陳炯明晤面。

憶余駐防肇慶時，熊略與陳章甫赴梧州布防，順道至肇慶訪余，此二人皆余之老師，當時熊氏任前敵總指揮，陳氏任第三師師長，余於款待席中曾問彼等革命前途是否有望，彼等則反問余之意見。余謂：「如不責怪，方敢直言。」彼等答謂：「必不見怪。」余謂：「就軍隊幹部言，革命前途可謂毫無希望，如八旗會館內，有不少高級軍官，穿著制服流連於嫖賭，實感不成事體。軍隊中風氣如此，尚有何革命之可言？」熊氏謂：「汝有所不知，此乃普通之社交應酬而已。」余謂：「就革命立場言，何貴乎有此社交？」熊氏謂：「世間能有幾人如汝者？」後又問同席之第一師工兵營長鄧演達，對余之見解如何？鄧氏表示深以為然，彼等認為此乃不經世之談，因此余從來認為要革命必須創造環境始能成功，如不創造革命環境，樹立革命新風氣，則難有希望。此後不久，因紙幣貶值，軍費無法維持，陳炯明乃通令各軍自籌伙食，一星期後余接獲命令，乃召集營長開會云：「此謂自籌伙食，即暗示要吾人開賭而已。余全體官兵，寧可食粥而不願開賭，並建議全團官長，校官以上不要一個月薪水，尉官不要半個月薪水。」一卒照案通過，並決定不開賭以維軍譽。工兵營鄧演達見余如此，亦照余之辦法，不要一個月薪水，並食粥一星期以渡難關。

民國十一年底，適值滇桂軍奉總理命入粵討伐陳炯明，當時總理派余同學李仙根携港幣三千元給余，囑余至時響應滇桂軍，余拒不接受，李氏謂：「不接受此款，是否聽總理之命？」余謂：「余必相機行事，請汝善為回覆總理，且接款項容易洩漏機密，不必以余為慮。」其後，當滇軍桂軍行將東下之際，陳真如忽自南京至廣州。余託中校團附戴戟携款三百元轉交真如，囑其速離穗，前往南京暫行隱居，並表示余已決心獨立，響應滇桂軍，本團由余負責一切，請其不必過問，候時機至時，當請其復出。其後，因卓仁機之第一旅，始終離革命軍隊之目的太遠，卒將該旅解散，重新整編改組，請陳真如出任旅長，以實踐余過去之諾言。余半生來，無論對友人乃對社會重視信約者，舉此一端即可知其梗概矣。

當滇桂軍逼近廣西大浮江口時，余團即奉命調至梧州增防，臨行時曾向鄧演達祕密表示，鄧氏甚表贊同。時張發奎在第二團卓仁機處任營長，駐防德慶，余徵得鄧氏之同意後，乃於經過德慶時，將余之決心告張氏，張氏亦表贊同，並謂惟余之命是聽。待至梧州時，前敵總指揮熊略及師長陳章甫召集軍事會議，欲在梧州實行布防，余為實行原定之計畫，表示反對守梧州，主張撤退至肇慶，再與滇桂軍作戰，在會議席上，陳章甫對余之意見甚表贊成，因此計畫乃得順利進行，待撤退至廣東封川江口時，陳炯明即電責陳、熊二人因何不守梧州，陳氏接電後極表憂急，曾語余將要跳水自殺，余勸其力持鎮定，不必過分憂急，蓋如此死法實屬不智，越數日，時值民國十一年除夕，余以時機已至，乃於封川江口之豆腐坑口宣布獨立，並將部隊調至梧州火山，響應滇桂軍東下。時張發奎在德慶，聞余獨立，即率第二團之一營宣布響應，卓仁機全團暨其餘兩營亦採取同一行動，鄧演達在肇慶聞訊，乃將部隊調至德慶，與張發奎聯合行動，因此陳炯明叛逆最後崩潰之命運即由此決定，革命之正義亦略見伸張矣。民國十二年一月十日滇桂軍順利東下，直達三水，當即調余團攻擊三水河口，此地原有陳炯明之部隊陸蘭培一團防守，余派人囑其投降，否則開砲擊毀其所住房舍，陸氏遂遵命投降，其餘與滇桂軍接觸之陳部亦稍戰即退，此後，與陳炯明部隊即無任何戰鬥，旋與滇桂軍直抵廣州。

五、伐沈之役

滇桂軍至廣州後，強橫跋扈不可一世，余認為革命事業至此，如非另找出路，即無從挽救廣東與國家。因此，即主張將第一師之部隊調至江門（此際第一師部隊只有兩團一營）。時陳炯明殘部之陳德春部，亦駐助四邑，響應獨立，在江門包煙包賭無惡不作，余見當地環境如此惡劣，又將部隊移至新會大澤、以免與陳部混雜。但求為地方清除軍閥殘餘，乃決定驅除陳德春，旋以一團之眾，於江門將陳部解決。自此以後，第一師始有基地，部隊給養始有所出，因而得以從事整訓。三個月後，並恢復第一師番號，由李濟琛任師長，卓仁機任第一旅長，余任第二旅長。

憶當時恢復第一師番號時，總理原要余出任師長。但余則另舉陳可鈺、李濟琛兩人，請總理任選其一。蓋余認為，余曾為陳炯明部下，陳既叛變，余雖堅定余之革命立場，未與同流合汙，假若以此升官，誠恐不易為後世諒解，故特舉此二人請總理選任之，但陳可鈺以胃病力辭，卒以李濟琛出任。其後，總理謂余：「對此事如此主張，將必有後悔之一日，既要革命，又不肯多負責任，殊屬不智。」此後證諸事實，總理確不失為先知先覺者也。蓋後來李濟琛引用伍觀淇、張難先等於師部任參議，用呂一諤為鶴山縣長，總理認為此輩均非革命者，何足以言革命？余乃將此情形告知李濟琛，並往勸伍等入黨，伍謂：「如總理不反對孔孟學說，則可入黨，否則絕對不入。」余將伍之意見報告總理，總理謂：「三民主義，乃繼承孔孟一貫道統者，如何會反對孔孟？」後余將總理之意轉告伍等，乃同意入黨。至鶴山縣長呂一諤，總理認為是買辦階級，不能委以縣長之職，旋李濟琛亦將其更換。

時沈鴻英勾通北洋軍閥吳佩孚，總理乃命令討伐，滇桂軍負責解決駐穗沈部，第一師則奉命圍攻肇慶，攻擊歷時一週，仍不能下，蔣介石先生任大本營高級參謀，奉總理命，通知第一師謂：「吳佩孚之方本仁部已進至南雄附近，如肇慶再不能攻下，則大局危矣。」余向蔣先生表示：要求撥調工兵地雷隊以便攻城，待地雷隊到達後，余即徹夜挖城，以步兵掩護，一夜之間，即將城牆攻破，俘虜沈部旅長黃振邦。入城後一個月，方本仁部即攻至英德附近。余即奉命調往英德，協助滇軍截擊，旬日間，與滇軍合戰，將方部擊敗。是役，在東瓜嶺附近，余指揮第四團及獨立第一旅楊錦堂團，戰線正激烈時，楊團士兵退卻，余在東瓜嶺之正面一牛路之小窩督戰，促楊團士兵前進，楊團長在半山離余十餘丈地，見狀即匐伏而至曰：「旅長，該士兵等俱是余團士兵，請旅長轉赴半山余之位置，余在旅長之位置以便阻止士兵退卻。」余依楊團長錦堂之意，與其互調位置，旋不及十分鐘，楊團長即在余之原位置陣亡，是役無異楊錦堂代余一死，殊可悼惜。嗣後，我軍反攻，正擬進行追擊之際，余手執地圖，口授旅部參謀長陳培鎏下達追擊命令，不幸陳氏亦中彈陣亡，更為悲悼！後由徐景唐介紹余漢謀接任參謀長，部隊調回肇慶駐防。

自余返肇慶後，總理為打開革命局面，復派余與卓仁機部攻沈鴻英駐防梧州之部隊，並謂：「誰先攻下，即將梧州交誰。」結果余部只在封川江口與沈部接觸戰鬥一次後，即勢如破竹而先達梧州。

入梧州後，余即返穗晉見總理，報告攻取梧州經過，並表示余決不要梧州為防地，請不必下命令，並向總理建議云：「革命者不可有地盤思想，否則有礙革命之進展，以後請勿輕允誰先攻下某地即給某地與誰駐防。」但余因在豆腐坑口獨立時，全團官兵行李均告損失殆盡，乃請求總理發給五千元，以為補償」。經理云：「汝不要梧州為防地而要錢，余可照批，但款將由何人支出？」考慮再三，當時粵省一切稅收均為滇桂軍所把持，大元帥府財政困難確為事實，時廖仲愷在外廳候見總理，聞此，乃入請總理照批，款可由渠籌交，並對總理云：「渠在江門、肇慶、梧州等地，不特不要錢，管理財政人員亦不輕易推薦，實應照批，但約定必須分三數個月，始能交清。」余亦唯唯應之。

當時，余雖在西江，但大元帥府之警衛責任，實由余負責，先後曾派兵增至一團保衛大元帥府，以防滇桂軍作惡。蓋第一師之戰鬥力量頗強，滇桂軍雖強橫亦不能不有所顧慮也。據余守衛之部隊長報告，有一次總理在元帥府召集滇桂軍高級將領會議，總理曾云「我請諸位來到廣東是為著革命，是為著救國救民，並不是請你們來蹂躪我家鄉。」足見當時滇桂軍之腐敗及總理革命歷程之艱苦也。

六、西江督辦公署

自梧州收復後，由於余不要以之為防地，乃成立西江督辦公署，由李濟琛任督辦，邀余兼任參長，時古應芬（湘勤）先生任大本營駐肇慶行營主任，馮祝萬任財政專員，為期財政方面能得有力之支助，原擬請余以伯南別字，兼任黃崗稅廠總辦，或交余兄（維周）辦理，余深以為不可，卒卻之。

自兼任西江督辦公署參謀長後，即決定扶植廣西軍事力量，以安定革命局勢。時黃紹竑曾率民兵七百餘人前來投奔，乃將在西江歷次戰役中所獲七百餘桿槍枝與之，編成一獨立旅，由黃氏任旅長，是為扶植廣西軍力之起點。自此，西江一切收入，一方面用以建設梧州，發展教育；一方面則用以擴充廣西軍事力量，逐步將黃旅擴充至五團之眾。

五個月後，即撥所有庫存九萬餘元與黃旅為軍費，攻下潯州，在革命軍未設政治部之先，曾於梧州組織革命軍人同樂會，由余與林翼中、李揚敬擔任三民主義講授，以加強官兵對於主義之認識，越三個月後，所有班長均能登臺演講，收效至大。

憶本黨改組時，總理一方面感滇桂軍之腐敗，一方面容許共產黨員之入黨，曾祕密囑余將第一師編足五萬人，槍枝由總理徐圖設法補充，意即以第一師為革命主幹。然第一旅卓仁概部素質甚差，所到之處，唯利是圖，到處包菸庇賭，既不肯打仗，又無犧牲精神，當吾人攻下梧州時，卓即以其旅部名義，將梧州所有財政機關標貼佔據，並云：「余所佔之財政機關，汝若需要時，均可讓汝。」余謂：「總理將整個梧州與余為防地尚且不要，何需佔據財政機關？」因此，卓即分別薦人接辦，余以督辦公署參謀長地位，均未予批准，卓極不滿，乃自請調返四邑駐防，以便為所欲為，不得已乃將之繳械解散，由余旅抽調幹部，另行編組，成立兩團，邀陳真如任旅長，第一師至此已有七、八團之眾，兵力至為雄厚。

時總理在上海說服共產黨，認為中國國情不適宜行共產主義，只能行三民主義，因而本黨改組，收納共產黨員為國民黨員，余亦首先主張贊同，廖仲愷因見余亦主張收編共產黨員，擬於本黨改組後，即辭去省長職，而專任黨的組織部長，余亦表贊同。時汪精衛、胡漢民兩人均尚在上海，余問總理：「彼等何故不返來廣州？」總理答：「彼等不主張收編共產黨員，因而罷工，故不返穗，可尤其自便，暫時不必理會。」余則謂：「本黨既收容共產黨員，對於本黨舊日力量反形分化，實有害而無益。」總理對余之見解深以為然，乃親筆書函，交鄧澤如寄發邀汪、胡返穗，汪、胡南返後，廖氏即辭省長職，專任組織部長。總理自本黨改組後，為欲使段祺瑞合作，乃應邀取道日本而北上，民國十四年一月二十六日不幸因病危而入協和醫院。

總理入醫院後，余乃決心將廣西局面展開，以分總理之憂，故決由梧州返廣州，同行有黃紹竑。以便介紹其入黨，另則向粵軍總司令許汝為（崇智）以請假二週為名，再向廣西方面展開攻擊。時廖仲愷對余介紹黃氏入黨頗持異議，曾云：「民國以來，革命至今，廣西同志不變節者，除馬君武一人外，大多夤緣時會，投機變節，均不可靠。」余則以為，值此動亂之際，應酌扶廣西人員治理廣西，後卒由廖氏監誓介紹黃氏入黨。至於請假兩週以攻擊賀縣之舉，許汝為當時頗不為然，余乃請胡漢民、廖仲愷兩先生幫同向許氏勸說，以余之請假全為革命著想，亦非個人之行動，應請予以照准，卒獲許氏同意。於是，余即由梧州率兵三團出發。至第八日攻至賀縣、八步，交黃紹竑接防。當時黃紹竑所部亦由潯州、大河前進攻擊，依期返梧州候命，時廣西局勢已定，李宗仁率民軍數營人出而與黃紹竑、白健生等合作，彼等聯共擁李氏為領袖，廣西乃進入一新局面。

余此次廣州之行，有兩驚險事件頗足一述：一、為西江遇險，余由梧州起程水路進發，將至德慶附近，入夜狂風天黑，航路難辨。火輪所拖之紫洞艇被礁石撞穿，突起變故。全船紛亂之際，余尚力持鎮定。高呼同船之黃鎮球、黃紹竑、陳傑夫諸人，先行攀登船邊，余仍在艙內，遂致隨船沉入水中，自念身經百戰皆能倖免，此次除非祖德有靈，否則必死無疑矣！浮沉之間隨喊救命！時第一師副官處長黃鎮球徧找余不見，乃以竹竿向水間打撈，觸及余手，因而得救。

另一為陳天太事件，迨至廣州後，到粵軍總部洽商請假打仗事畢，於深夜十二時與黃終竑同返東亞酒店二〇五號寓所休息。至午夜後一時，突聞外面槍聲大作。余乃問故，黃紹竑答不知。後始悉為黃之衛隊六人，在外與欲突擊東亞之少數軍隊開火，斯時余之衛隊，全在南園酒店未參與戒備，余不待穿衣，隨即携手槍出窗口，一望見後房有一鐵閘，向後即為一走廊，余乃偕黃氏越鐵閘而過，沿走廊直走約一百公尺，即見有一房間尚露出燈光，即與黃氏入房間暫避，其內只有一女人，見余等突如其來，乃大驚。余謂：「余乃東亞酒店客人，因聞外面槍聲而逃避者。」囑其不必驚慌，詢之始知此乃東亞工人之住所。不久，見其丈夫高義安返，乃告知其所以，黃氏出二十元港幣，向高氏買一件衣服一對布鞋與余暫時穿著，始由高氏帶余等由後門逃出。街外遇見警察一班，詢之乃屬第七區署者，余乃表明身分，尤其帶往區署後，即囑七區署長下令全區戒嚴。並與公安局長吳鐵城電話聯絡，吳氏即派衛隊及車輛，接余等至粵軍總部休息。翌晨，廖仲愷先生與余等見面，即哭謂：「以為汝遭遇不幸矣！今幸而無恙，不禁喜極而哭也。」當余初至廣州時，原擬住南園酒店，後據黃紹竑之駐粵辦事處主任陳雄云：「住東亞酒店較為適宜。」乃決定改住東亞酒店，如住南園，恐難免遭其毒手矣。

事後查悉，此事乃屬陳天太所為。陳乃桂軍第七軍劉玉山之獨立旅旅長，該旅全為收編粵北及懷集一帶土匪所組成，軍紀極壞，害民不淺，彼等奉命由粵北擬經廣州、三水、梧州回廣西，余曾建議，擬將之繳械，總理意思是：「既准其收編成立在先，復令其回桂，礙難再下命令將之繳械。但如認為可行時即行之，我作此默認可也。」因此，余乃返梧州，後會同黃紹竑，在梧州、火山及都城一帶施以夾擊，將之繳械，陳乃懷恨在心，遂有此變，故亦足見當時粵局情勢之複雜不易應付。至於帶引余等逃出之高義安，余曾給以中尉職位，使領乾薪，迨余任軍長時，已升至上尉，亦所以表示報答高君之意也。

七、整肅滇桂軍

劉震寰、楊希閔時代，軍紀之壞已至天怒人怨，實不足再以為革命助力。民國十三年，總理希望擴軍，並成立黃埔軍校。時由蔣先生任校長，李濟琛任副校長，共同負責軍事幹部之培育。所有幹部多由本師抽調，如陳誠、錢大鈞、鄧演達、張君嵩等都是本師同志。當時優良幹部，確屬不少，如團長繆培堃、營長陳武恒、李時欽、陳培鎏等，確屬幹才，但不幸均先後陣亡，為國捐軀，對於革命事業大失臂助。

在總理北上之前已決心整理滇桂軍，某日，廖仲愷先生與余同往晉謁孫總理，總理謂：「在三天之內，將有一大事。」囑吾等鎮定應付。余問：「何事？」總理謂：「決定撤換楊希閔，藉以整飭滇軍。」並謂：「此事只汝二人及胡展堂（漢民）知之，切不可外洩。」余則謂：「此事似應慎重考慮，蓋陳炯明事尚未平定，似不應再撤楊，以免動搖革命基本，且總理指示第一師宜擴充編足五萬人，現今尚未達到此目標。」總理謂：「汝等意見與胡展堂昨日所言者均相同，此刻無須多費時間討論，且展堂隨余革命，統計有六成以上之成功。余約其今早九時再來討論，假使渠理勝，余將贊同其意見。」余等乃告辭，欲找胡展堂先生。廖氏謂：「可在太平館候其車過截之晤談，一方面可用早餐。」後胡先生至，余等乃共談撤楊之利害，權衡得失，均不主張率爾輕舉。後復由胡先生向總理面陳，卒取銷撤楊之議。但總理仍謂：「撤楊即使失敗，而只屬汝等軍事之失敗，而余主義終必成功也」。

總理逝世後，廖仲愷先生以楊、劉叛跡日顯，甚感焦慮，詢余力足討伐楊、劉否？余答：「第一師及黃埔教導團力量，力足應付，請及早行之。」回憶總理在時，曾擬整理滇軍，以余等力諫而止，今滇軍竟橫行日甚，形同匪類，而須加以討伐，總理先見之明，彌足景仰。時廖仲愷先生任黃埔軍校黨代表，余請其與蔣先生商洽，並建議由本師第一旅及其餘粵軍，聯絡黃埔各教導團攻東江楊部，本旅則負責解決駐西江之劉部桂軍。後得蔣先生與許汝為先生之同意，乃即以一旅之眾向桂軍攻擊，在石井附近將之解決。滇軍亦被友軍擊潰，會師廣州。

民國十四年八月二十日上午，廖仲愷先生於赴中國國民黨中央執行委員會出席例會時，為暴徒陳順狙擊身殞，考其原因概有下列數端：（1）廖先生贊成總理容共，並任黨部組織部長，黨人對於共黨份子之不軌行為均歸咎於廖先生。（2）間有本黨同志，疑廖先生為共黨份子者。（3）有時廖先生對軍隊拘捕共黨嫌疑份子輒電以「無論為良為歹應先行釋放。」因此更招人疑忌。事前，余曾建議廖先生邀請本黨高級人員餐敘，藉以解釋誤會，廖不同意，並謂：「誠恐因此連你亦被誤會，而我亦被人誤會更深。」廖先生死後，包羅廷即藉此挑撥，株連甚大，胡展堂先生自請出國，赴俄考察，許汝為亦被送出國。

八月二十五日，梁鴻楷、魏邦平等陰謀顛覆國民政府，為軍校教導營所扣，粵軍旋即改編，本師擴編為國民革命軍第四軍，李濟琛任軍長，陳可鈺副之，並兼任本軍黨代表，陳銘樞任第十師師長，余任第十一師師長，張發奎任獨立旅長。

時適值第一師軍需處長陳勁節，因其家人所開之銀號，將獲得陳炯明匯款接濟，駐北江之川軍熊克武部（數千人）證據以告。余及李濟琛乃同往謁汪、蔣報告，談約一小時餘，余力陳事機急迫，應以迅雷不及掩耳之勢，分北江、南路同時進擊。汪詢余力量如何？余答：「陳炯明殘部已成強弩之末，熊克武、鄧本殷部均為烏合之眾，相信我軍力量足以應付有餘。」並建議本師及獨立旅，協同第一軍向東江進擊。第二、第六兩軍，向北江進擊。第十師向南路進擊，而廣西之第七軍，則以一部出北江，先助二、六軍，並以一部出西江，協助第十師攻南路。汪曾駁余，用廣西軍豈非又有楊、劉再續之虞，余謂；「黃等已加入本黨，相信不至遽懷二志，且其力量非大，即使有變，亦足以制之，請毋慮。」後卒照行。

本（十一）師於東江新庵一戰頗為激烈，（第一師亦佔領惠州），當本師追擊敗敵至紫金時，余奉蔣總指揮（東征軍總指揮）之令，開返四邑單水口，增援真如師。而此時第一師之一部，適於羅經坝與敵戰失利，余即決心先援第一師，日行百二十里，卒與第一師取得聯繫，戰局轉危為安。當初抵戰場時，曾因會擊傷本部參謀一人，士兵數名。然戰役結束，蔣總指揮於勞軍宴會席上，曾備極讚揚余本人果斷專行，先急後緩為至當，並犒賞三萬元。

十月二十九日，單水口之危已解，南路方面戰局稍有轉機。余乃追敵至饒平，然後回師。南開期間，真如已收復南路，當時鄧本殷率殘部負隅瓊州。余即與張發奎準備進攻。當行動時，由於船隻缺乏，指揮困難。徵用木船，於一夜之間埔前港登陸順利成功，鄧部望風披靡，相率投降，十二月二十日遂克復瓊州。

八、赴蘇考察

時蔣先生已決定北伐，因陳真如與唐生智有同學關係，乃調該第十師，及由獨立旅擴編之第十二師（陳可鈺兼師長）出發。整個南路治安交由本師負責，乃一面在欽縣收編八師鄧本殷部之張瑞貴為補充團，一面進剿各屬土匪，時以徐聞山匪最為猖獗，人數亦眾，曾派兩團圍剿亦無功效，後以裝甲車進攻，匪始潰散，但迄未能肅清，其餘合浦、茂名、陽江各屬土匪，則先後敉平，為患兩陽最烈之匪首徐東海，亦於是役被我唐拔營擊斃，民眾稱快。

民國十六年春，余以北伐之師既下武漢，南路剿匪工作亦將完成，而南路共黨份子卻常見越軌言行，乃托陳真如據實呈報蔣先生，擬請舉行清黨，惜未蒙採納，為趁此履行以前余對鄧演達等之諾言，因而呈請辭職以前往蘇俄考察。終獲畀以國府代表名義，帶職率領政治部主任林翼中，暨空軍及其他技術人員二十餘人，前往蘇俄交涉購買軍火及訓練飛行等事宜。

余赴蘇俄時，上海尚是孫傳芳部佔據。蘇俄顧問不主張余到上海候船，直接在廣州以港幣叁萬元，僱一約千噸之輪船，由白鵝潭開赴海參崴。余任旅長時，曾患胃病。唯上船後暈浪即戒煙，且空腹數日始到海參崴，下船後，不藥而癒矣。或因得到充分休息所致。亦一收穫也。

抵蘇後，我北伐軍已克復上海（民國十六年三月二十三日）並渡過長江，此時，上海工人受共黨利用，曾發生罷工風潮，國內乃實行清黨，於是，蘇俄當局態度頓變，拒絕售賣軍火，街上發現倒蔣標語。余等通訊已遭限制，函電發出均不得復。惟招待尚佳耳。

余等既來，當作一瞭解。安排行程，先考察蘇俄經濟。時適實行新經濟政策，全神注意增加國家資本，銀行、交通、煤、鐵及一切重工業，全由國家經營，對於國民極力提倡合作經濟。余以此種統治經濟，亦即計畫經濟，與我民生主義經濟宗旨若合符節，當可仿行。但其計畫經濟之本質是恨，且是極權。而我們民生主義之計畫經濟本質乃是以仁愛民生為出發點。後曾對胡展堂先生言，亦獲贊同。

余出國前，對總理「迎頭趕上去」一語不甚明白，及見蘇俄大量利用德國及美國技術人員及機器，以發展本國工業，並以三百萬美元購買美國飛機發展交通，乃恍然大悟。蘇俄合作制度亦頗進步，生產、消費、信用及運銷等合做事業均極發達。工人每日工作八小時，待遇尚優。農民則生活較苦，衣食不足，時出怨言。政府乃研究減低農村物價（低於都市），生活得稍微改善。

其次考察一般狀況，發覺其對西伯利亞移民甚為積極，每日均有數百移民，每人發給七百盧布，撥車東運，所有娼妓及無家可歸婦女，均配給移民。及參觀博物館，發覺蘇俄對於彼得大帝遺物非常重視，各地對彼亦備極頌揚，八國聯軍時所掠我國古物，仍陳列於館內。

余對蘇俄侵略我國之野心早有警惕，極欲呼籲國人注意。時莫斯科尚存「中國城」，余問：「為何不拆除？」答以：「此乃為紀念中國之友誼。」余則認為；此乃因彼政府對我國尚存覬覦之心，欲藉此以煽動俄國人民敵視之情緒。且當時尚有俄軍兩旅駐紮蒙古，更足顯示其侵略之野心。據調查所得，外蒙古駐兵兩旅，且遠東大學收無數之東北學生及湖南學生、韓國學生、印度學生等，訓練無數之國際共產黨人。當時，余與翼中每於晚間研究，即證明蘇俄仍承繼彼得大帝侵略之本質，必將是成為赤色帝國主義者。

余到海參崴，該處住有七、八萬中國人，夜間尚有中國舊戲唱演，余等亦往看戲。日間則考察工廠，發現工廠有工資三種，俄人每日工資六毫盧布，日本人五毫半盧布，中國人五毫盧布。如是則知蘇俄以平等待我民族者是偽也。

學校教育：中小學採九年制，名為九年學校，目的在縮短教育時間，對於掃除文盲，責成學校擔任一切，人員均盡義務。十數年間，即已完成此一普及教育及掃除文盲辦法，實值得仿傚。孫逸仙大學、男女生社交公開，行為穢褻，簡直不堪入目。曾擬夜間參觀，但遭拒絕，蓋此時乃學生滿足性慾機會，往往在寢室或在自習室行之，不便給吾人參觀也。至於公園郊野，則男女性行為更屬司空見慣，余亦曾於戲院中被女人調笑，同行者常引為笑談。

時鄧演達曾介紹自稱國民黨左派之留俄湘人名歐治者，與余結交。所有言談，無非共黨理論及策略，據謂共黨成功要素約有下列數點：

（1）舊社會要整個推翻。

（2）舊倫理亦須推翻。

（3）改革文化。

（4）只求成功，信義可以不顧。

（5）立功要殺人。

胡先生批評：「呃、嚇、拆、殺」乃共黨之伎倆，此種行動，實非三民主義所能容，今日思之，益覺可信而有徵。

如是者，歷四個月後，乃決定離俄前往西歐，考察西方國家，藉資借鑑，俄方非但不允余等前往西歐，且強制要求余等入黨。余乃與林翼中約定，俄方既不同意余等往西歐，擬提出返國或往日本，如仍不獲同意，則由林氏加入共產黨作質。後俄方卒同意余等返國。

余於民國十六年夏，返抵南京，將清黨後俄國所表示態度及考察情形等，向蔣先生面為報告，蔣先生囑余在總理紀念週公開報告。當時，余本欲將考察所得及認定俄為赤色帝國主義情形印成小冊子，公開宣傳，後見余在紀念週所報告者，報章亦不予發表，遂乃作罷。余返國後曾與胡先生談話。當時余以為國民黨改組，蘇聯既聲言以平等待我們，而吾人卻不派一代表團赴莫斯科視察，殊為錯誤，胡先生亦承認此批評之中肯也。

九、斡旋寧漢

民國十六年，汪精衛因不主張清黨，乃形成寧漢分裂。余即向蔣先生建議，主張討伐武漢，對其他軍閥，不妨暫時妥協。如是，蔣先生擬要余赴徐州向李宗仁、白崇禧解釋，使之明瞭。余要求給予考慮，待與胡展堂先生商量後，胡先生不主張余往徐州。因胡先生認為關鍵不在李、白，而在李濟琛，故主張余返粵見李濟琛，李、白用函解釋即可。

余在俄時，曾聞共黨有攻取廣東之計畫，特請蔣先生在浦口預備船隻，以便支援廣東。因此，蔣先生一方面同意余返廣州，一方面囑余去函，將在俄國所得，報告李宗仁、白崇禧。余返抵廣州後，李濟琛與各團長，均促余返十一師，但余則要求李濟琛、黃紹竑先行通電討伐武漢後，始允返任，否則即去日本考察，蓋余在俄時既不能往西歐，極欲乘此到外國多作考察，以資借鑑。後李、黃函電往返磋商，歷時經旬，始決定通電討伐武漢，余乃返任十一師長。

汪精衛見李、黃通電討伐後，乃實行清黨，張發奎（向華）率其第二方面軍，取道江西回粵。但至南昌時，其所部葉挺、賀龍兩師，即行叛變，並與第三軍之朱德部合流，猷竄粵東，蔡廷鍇之第十師奉令追擊，卻乘機脫離張發奎部而入閩。旋於九月二十八日由黃旭初即率部前往截擊。錢慕尹（大鈞）亦率領兩師，進駐會昌，但均為葉挺、賀龍所擊敗。錢部在會昌挫敗，退至信豐。黃師在雩都不利，轉守筠門嶺，李濟琛乃派「十一」、「十三」及新編第一師（薛岳任師長）往援。余兼程前進，擬予攔腰截擊，乃由畬坑入豐順。薛岳為前敵總指揮，率其所部及第十三師前往，十月抵湯坑，與葉、賀主力遭遇，發生戰鬥，經苦戰一夜後，適余亦到隮隍，乃趕速加入作戰，戰局遂轉敗為勝。

余師部隊因素有政治訓練，士氣極高，全師官兵，均高叫：「打倒共產黨」，「國民黨萬歲」，「中華民國萬歲」等口號攻擊前進。戰鬥至下午三時，彼此短兵相接，火炮亦不敢發射，戰況至為激烈，再苦戰一夜後，葉、賀殘部，即向海豐、陸豐退卻，翌日，追擊至普寧之烏石，始將葉、賀殘部三千餘人繳械。

余自從戎以來，歷經大小戰役不少，而以此役為最慘烈，因戰事緊急，傷創官兵亦無法救護，除十三師及新編第一師傷亡慘重外，余師追擊至烏石時，原有五千餘人，亦僅餘一千七百餘人，傷亡之慘重，於此可見。後余任第八路總指揮時，乃將在湯坑所有陣亡將士，就原地擇地集體遷葬，建立陣亡將士紀念墓，以安忠魂。

十、綏靖粵西

民國十六年張發奎（向華）所部抵廣州後，因其中有不少為共黨份子（葉劍英團），意圖不軌，十一月，突發動事變，任意燒殺，市民生命財產損失極大。憶張氏當時返穗之用心，其志在倒李濟琛，攫取廣東為地盤，以為返穗之準備。余乃聯合陳真如、黃季寬、錢大鈞回師救廣州，並將剿葉、賀時東路指揮官之名義，讓與陳真如，尤其負責指揮。

時除張部叛變外，尚有不少部隊，由繆培南統率，在龍山、歧嶺、鐵場一帶，與吾等接觸，然皆為吾等所擊敗，所餘部隊退至西江，整編為一師，由中央委張向華為師長，後調駐宜昌。

余等進至廣州後，即將廣東部隊及全省地區重新編配劃分。李濟琛派余任第四軍軍長兼西區綏靖委員，西區包含廣州市、廣府屬及四邑、西江等地區，地方至為遼濶，陳真如任第十一軍軍長兼南路綏靖委員；徐景唐任第五軍軍長兼東江綏靖委員；王應榆任北江綏靖委員。

時余曾對李濟琛建議，要余負責西區，必須先將為害地方之部隊他調始可，否則即事無可為，無法進行綏靖，李卒納余之所請。

余負責西區約十個月，即將土匪肅清，在清勦前三個月，先將部隊分配布防，水陸並進，綏靖工作每月均有進展。

時區芳浦任政務處長，施政每三個月為一期，在全省未施行地方自治前，余即遵照總理遺教，實施地方自治，興辦學校，十個月內，全區興辦小學八百餘間，改良各縣監獄，開闢各縣公路，均由余親自分縣前往召集地方自治機關首長開會，自籌經費辦理，所用經費為數甚巨。

以前各河道航行船隻，因治安不良，均須自籌經費，組織護航隊，以為自衛，自從清剿實施後，土匪絕跡，各船已無須防衛，乃將自衛槍枝繳交綏靖公署。當時，因全區交通治安良好，無須抽收保護費，物價大平，人民安居樂業。民國十八年元旦，全廣州爆竹聲通宵達旦，一片昇平景象，可謂為余一生過年之最感愉快者。將至拂曉，余仍至西關花市買花，所謂「先天下之憂而憂」後天下之樂而樂」，余深深體會矣！

時廣州市政，由林雲陔負責，均依照余計畫進行辦理，成績亦極良好，如六脉渠之徹底改造、全廣州市下水道之整建、及分期修建各街道、興辦醫院、增設小學等，向現代化之都市積極邁進，並曾照余所提供意見，取消年達百餘萬元之生菓捐，以裕民食。高等法院在北較場之監獄，亦由余呈請撥款所興建，內設有工藝實習所，辦理極為良好。

余自革命以來，除救人救國之外，別無其他目的，故無論從政從軍，均本此意以赴，絕不稍有變移。余部隊內之軍醫，非僅為官兵治病，並須為人民治療無需醫藥費，均准予照例設法補助，並規定軍部、師部、團部醫務所，每日下午必須為人民治病，部隊所到之處，必須為人民種痘。余向主張軍民分治，故在負責西區綏靖期間，從不舉薦縣長，均由省府派委，絕不如各區之擅委、擅扣。

十一、兩廣部隊之編遣

時李濟琛為中央參謀部長兼第八路總指揮，兼又粵省主席。余認為粵省已趨安定，為使符合民主政治，應即實行軍政分治，故極力主張李氏辭卸粵主席之職，而交陳真如接任。至民國十八年春，李氏乃自動辭去，由陳真如接替。

民國十八年三月十五日，中央召開三全大會。陳真如、李濟琛與余均為代表，乃欲共同赴京出席。陳氏至港，住皇后酒店，因遇火警由樓上跳下，折一腿，遂不能去，余因候余妻由高州返，故行稍遲，李氏則先行，抵達後，即被留在南京，余到上海時，蔣先生即發表余任廣東編遣特派員，囑即返粵，不必入京。

李氏被留南京，黃紹城（季寬）即由梧州至穗與第八路總部參謀長鄧世增（益能）召開軍事會議。決定出師，由湖南北上，並議決共擁余任第八路總指揮。余第四軍所部，大部分亦已調往北江，時余兄維周在穗，曾勸第四軍各師，應請示軍長以決定行止，不應未奉命即擅自行動。於是，乃有黃質文等三團仍在河南不動。

蔣先生發表余任編遣特派員，乃係派李仙根携手令來滬交余者，當時余曾托李仙根轉報蔣先生，如要余負此新任務，請其不必用兵，因北伐軍事尚未完成，如革命軍內部即自相傾軋，對於革命前途自極為不利，且如此亦可免除彼此加深裂痕，余返粵亦可較易有所作為，蔣先生深以為然，促余速返粵，本此意旨做去，余乃啣命南返。時有副官處長林時清及財政廳長馮祝萬等隨行，江防司令陳策亦與余同船。返至香港，黃埔軍校教育長李揚敬，受粵中各師長之托來港與余會晤，並報告各方面軍事情形。時陳真如在港，腿已折不能行動，以無法助余為憾，嗟嘆不已。余見此局勢如此惡化，恐難挽回，乃於是晚九時電余所部三師長來港研商。蓋余甚不欲貿然至穗，免為役等所挾持，難以應付。後閱當日廣東報紙，獲悉各方面軍隊，均已紛紛調動，粵幣已跌至四成五，人民損失慘重。風聲鶴唳，大有岌岌不可終日之勢。至十時，因念半生革命，不知幾歷艱辛，目前局勢如此惡劣，將何以收拾，不禁為之淚下。乃即前往醫院晤陳真如，請其秘書代余擬接受中央命令發表就職通電。並請陳氏即電其舊部各師長，按受余之命令。

時粵江防司令部派海虎艦來港接陳策。余一方面通知該艦，載余返廣州，一方面面囑李揚敬（欽甫），率黃埔軍校入伍生數千人至燕塘候命。午夜三時，余即搭海虎艦返穗，即日下午三時，抵白鵝潭附近，即召集記者至艦，發表就職通電，宣布余已接受中央所派編遣特派員任務。

通電發表後，余乃通知鄧世增來艦晤談。請其通知由廣西調來之三團部隊，要其於翌日離穗。並通令余第四軍所屬駐在河南之黃質文、黃延楨、張之英等三團，與李欽甫所率之入伍生隊聯絡候命。

待至翌晨九時，徐賡陶來艦會晤，言客軍已遵限離境，其餘部隊，均經遵照命令行事。經查屬實後，余乃離艦登陸。於原第八路總指揮部，設立特派員辦公處，實則余仍在第四軍司令部辦公，鄧世增乃於是時離穗。余即將韶關、北江等地軍隊復員。時黃紹城（季寬）派員來穗，與余等會晤，余曾與彼等約定，在三個月內，將兩廣部隊整理完竣。使一切恢復常態後，余即與彼同出國，以減其因此次用兵而增加國家困難之罪戾。彼復函甚表贊同。但未及三個月，桂軍即調兵沿西江而下攻擊廣東，並策動東江第五軍及少數海軍以為內應。

當桂軍前進攻至肇慶，中央即發表余接任第八軍總指揮，並派文官長古應芬（湘勤）來穗，面授機宜，粵省部隊在余任編遣特派員後，即已縮為九個團，編為三個旅，至任第八路總指揮時，編遣工作亦已完成。於古應芬文官長返京時，余以九千五百元之代價，購青翠玉石壹顆，請文官長交國府制印局，刻製國民政府玉璽一顆，國民黨中央黨部玉印一顆，表示余擁護國民政府及中央黨部如玉之純粹堅決，愛國愛黨意志如玉之堅貞之意。並於此時整理第八路總部，知李濟琛每月直接向總部支取家用，最少亦有八千元，多則達十二萬元之巨。並常手令向財政廳提款數十萬元，以供個人用途。余認為此種不良現象，必須革除。乃規定副官，將余每月薪水封送至家，不准家中直接向總部支取家用。

此次桂軍攻粵，越過封川、江口余始獲悉，不得已，乃採取內線作戰。調集余所屬部隊，沿三水、清遠布防。待桂軍攻擊至粵漢鐵路之白坭站附近，此時廣州風聲鶴唳。加之東江第五軍亦叛變，以為內應，余乃調蔣光鼐、蔡廷鍇兩旅前往堵截，並攻擊惠州。桂軍將攻至白坭附近，情勢極為危急，余即赴前線鼓舞士氣。並密令黃質文團相機反攻。黃部即乘夜出擊，衝破桂軍中部戰線，追擊數十里，使桂軍一敗不可收拾。時蔣旅及蔡旅亦已將第五軍擊敗，追擊至江西、三南，余再派葉肇旅長率兵兩團，至江西、信豐截擊，將其全部繳械。

當東西兩面戰事最激烈之時，廣州江防司令部有一泊於沙面之艦叛變。余先通知沙面外國人，即將該艦用飛機轟炸之，請勿誤會。財政廳長馮祝萬，在余將炸該艦時，苦勸余不可炸。余考慮再三，清除心腹之患，決心炸之。翌晨馮即不告而去。足見其事前亦與謀也。

我軍正面則追擊至封川。桂軍即行撤退。時中央在武漢收編桂軍殘部，撥歸李明瑞統率。適桂軍攻粵。乃調其回桂助余。待戰事平定後，乃奉令將蔣、蔡兩旅改編為師。余所屬三旅，亦同時改編為師。斯時，余所屬部隊計有五個師，兩個獨立旅。

此次桂軍攻擊廣東，當為桂系對中央措施有所不滿，故余任軍長時，即已決心消弭中央與桂系之裂痕。民國十八年，適值新疆督軍楊增新逝世，楊氏並非吾革命黨人，但余在俄時，查得俄對新疆懷有極大野心，而楊氏對俄所派往新疆之官員，拒絕其入境。此舉實值得吾人讚佩。

楊氏死後。余曾向蔣先生建議，派白健生率領桂軍入駐新疆。並請李任潮勸邀白氏。其後，蔣先生及白健生雖均接納余之建議，但白索開拔費三百萬元，中央以財政困乏無以應，卒不能實現，殊為可惜。但余認為，此全由白氏無赴新疆誠意。否則即使中央不能一次撥給如許鉅款，而陸續分期交付，似亦未為不可。

軍隊改編完竣僅三個月，余即接獲情報，知李明瑞正在計畫赤化廣西，當即向蔣先生報告，蔣先生尚不置信。其後復接陳真如及各方報告始予重視。但云：「中央經費困難，廣東如有辦法，亦可行之。」後由陳真如籌款五萬元，送桂軍旅長呂煥炎，請其為內應。余乃調兵向廣西攻擊，呂即宣布獨立，此後雖有戰鬥，但傷亡甚少，中央命余暫兼桂省主席，余則向中央保薦呂煥炎出任。時李明瑞雖逃走，但因局面尚未開展，故未交接。

民國十九年，適值閻、馮事變，張發奎乃由宜昌率領一師之眾，逕由湖南遺返廣西。據湘省主席何鍵迭次電報，每日均有截擊繳械，統計其人數不過三數千人，但根據余所派參謀前往桂林祕密點查結果，槍枝逾萬，人逾一萬五千。

余根據情報判斷，張部當不下五、六萬人，以兵力關係，決心採取內線作戰，並決以攻勢防禦之戰術，佔領軍田以迄三水之線。而是時，馮、閻事變尚未解決，蔣先生深恐該線有失，影響全局，不同意余之計畫。余以兵力不足，非如此則難以應付，乃即搜集船隻，開梧州候命運兵。並迅即調東江之蔣、蔡兩師，先返內線構築工事，余又請蔣先生在可能範圍內，增加一兩師兵力，於十日以前到達。蔣先生復電可增調三師，於五日以前到達。

旋第六路總指揮朱紹良，率其第六路三個師前來，何部長應欽（敬之）亦隨到廣州，故此除粵境部隊已調抵該防禦線外，復令駐梧州部隊，分批開返三水，沿軍田一帶加緊構築工事，此項工事相當堅強，何部長亦深為嘉許此項工事之構築完善。

第六路部隊到後。余將花縣以東地區防務交其負責，孰料張發奎部正向該處進攻，僅經三小時戰鬥而朱部敗退，僅有少數零星部隊退至廣州近郊，余因何部長收得敵方電報，知張部在花縣以東地區。花縣以西迄三水之線，均為桂軍，余乃決心使用總預備隊，並儘量抽調左翼部隊，轉用於花縣方面，斯時，余所訓練之空軍，亦能發揮威力，形成極大優勢，一舉破敵，轉危為安。是役，敵我傷亡萬餘，單只受傷運返廣州留醫官兵，即達八千人以上。戰況之慘烈可以想見。

當使用預備隊增援時，敬之、真如諸人，均到司令部休息，且已準備登艦，余以此舉影響士氣民心甚大，乃告以前方戰事有必勝把握。而蔡廷鍇亦以預備隊使用完了，恐指揮所受威脅（僅有衛士十餘人），苦勸余先登車返新街，余因具必勝信心，未予接受，卒能於短時間將頑敵擊潰。亦未始非余萬分鎮定、鼓勵士氣者有以致之也。

張桂軍敗退後，余即派隊追擊入桂，而張竟又集結殘部復出容縣，欲圖西江，余以若不徹底將之擊潰，仍為吾粵大患，乃決心與之決戰（時蔣先生不欲再與之在容縣決戰）。經三日搏鬥，卒將之擊潰。

經此一役，張桂部即變更策略，欲轉而北向，圖出長江奪武漢，而與馮、閻相策應。蔣先生得報，即令余派第六路跟踪追擊，並希望第八路另派兩師，由船運長江，以備迎擊。余以第六路距敵過遠，難以追及。乃改派蔣、蔡、李三師，由梧州船運廣州，再轉粵漢車北出衡陽，截擊敵人。余亦至樂昌指揮。

第六路則由船運武漢，尚未到達，而我追擊部隊，已與敵在衡陽接觸，經激戰後，敵即潰不成軍，向南回竄全州。是役將士奮勇，張世德旅長身先士卒，不幸中彈陣亡，殊堪痛惜！至論功績，亦以該旅及黃質文旅為大。經此一役，西南大定，馮、閻亦為之氣餒，可稱為大局之轉捩點，其重要性可知。

時馮、閻尚未徹底解決，蔣先生詢余意，可否抽調一部北上增援，余即電復同意，並即合蔣、蔡兩師，由湘北開，嗣加入山東方面作戰，一戰而將閻部主力擊潰，克復泰安、濟南。旋再向隴海將馮部主力擊敗，自是馮、閻全部瓦解，大局從此底定。

中央論功行賞，以蔣、蔡兩師合編為十九路軍。復派古文官長應芬來粵，勸余兼任廣東省主席而陳真如則調至湖北。余以：（1）粵省迭經戰役，亟待辦理善後。（2）余素主張軍民分治，廣東應先實行，以作他省模範。（3）真如欲以黃居素接廣州市長，並謂古應芬有意主粵政，足見其本人不願調主湖北。故余電復中央謂：「廣州市長可不必換，候桂局解決，余即偕林雲陔市長赴歐考察，以實踐余遊俄後再遊西歐，以資比較之諾言」，因此余婉拒不兼主粵政。

蔣先生以余既不兼主粵政，即電召余及黃紹竑入京，徵詢解決桂局意見。（蔣先生不欲再對桂用兵，而擬用政治方法解決。）余乘機提出請假數月，赴歐考察，因未得蔣先生之應允而暫作罷。時胡先生亦對余謂：「既從事革命，而又堅要出國考察，究非所應為。」余謂：「吾國革命數十年，現在尚未開始訓政，殊與總理遺教相違。」胡先生亦表示同感，乃即擬成六年訓政計畫案，主軍民分治，向中央全體會議提出，均獲通過。

十二、胡漢民事件與粵局

民國二十年二月二十八日，胡先生因約法之事與蔣先生意見不合，三月二日移居湯山，古應芬先生事前先請假返粵休養，旋辭文官長職，陳真如及各軍政要人乃開會交換意見，咸主實行分裂。

時余方病癒出院，睹此情形，欲入京偕胡先生出國，而諸人均反對余行。適此時蔣、蔡兩師長自贛來電，反對分裂之舉，真如即離職赴港，余雖不赴京，而力主與中央不應兵戎相見，政治問題應以政治方法解決，故余始終不允就任聯軍總司令職。

十月十四日胡先生離京乘車抵達上海，余又擬出國，雖有主張採納眾意者，余仍力持反對，並即還鄉葬父，決意事竣即出國，遂抵廣州。時中央派吳忠信、于右任等來粵調解，余即表示，余在粵一日，所部軍隊決不與中央兵戎相見，並決心出國考察。但西南諸要人，則均反對余外行，余即提出如欲余不出國，則以停止對中央作軍事行動、建設廣東、繼續剿共為先決條件，諸人均願接受，因此余出國之行遂中止。

民國十六年余自蘇俄返國後，即迭次將考察所得，與胡展堂先生交換意見，余以為此後中國，非經過法治、憲政，前途恐難成功，胡先生皆深以為然，遂決心就任立法院院長職。

當時，余奉中央命，兼廣東省黨部常務委員兼組織部長（接李君佩職），在此期間，余曾為黨部方面節省經費五、六萬元，所有各縣黨部之整理，均不另行派人，而由當地遴選優秀黨員充任，即余負責黨務，亦只帶秘書黃麟書，黃氏亦只帶一幹事而已。

十三、廣東三年施政

民國二十一年秋，西南政務委員會奉准成立。余被推舉為五常委之一，乃擬訂「廣東三年施政計畫」，提經第三十六次政務會議通過，交廣東省府付諸實施。該計畫之立案基礎，完全遵循「建國大綱」、「建國方略」、「三民主義」原則，並參酌地方實際情形擬訂，用能進行順利，三年有成，計畫內容分整理與建設兩大部：

（一）整理之部分為「吏治整理」與「財政整理」：

前者如甄別原有公務人員、考選公務人員、訓練公務人員、爾後任用公務人員，以考試銓敘及訓練及格者為限。實行考績及人民彈劾制度。籌備人民直接選舉縣市長等。後者有整理一切稅捐，增加收入。緊縮軍政各費，減少支付、鞏固省銀行基金、整理貨幣、改良幣制。推行營業稅、取消苛細什捐、整理沙田、製定收支預算，從新分配政費。儘量增加教育建設經費。省及地方財政完全公開。改善稅制，實行保護稅率。發展省營企業，籌抵賭餉、菸稅、實行禁賭禁菸。已清丈之土地改徵地稅等。

（二）建設之部分為「鄉村建設」「城市建設」及「交通建設」三項：

鄉村建設如肅清土匪、編練地方團隊、實行地方自治、訓練人民行使四權、測量土地、調查人口、編登戶籍、試行二五減租、改良農業、漁業、蠶業、興水利、防水患、發展省營礦業、推行農村合做事業等屬之。

關於城市建設，如實行地方自治、訓練人民行使四權、調查戶口、測量土地、設立省營工廠、又獎勵人民投資、創辦大規模、建設大發電廠、推廣市民合做事業、辦理工人保險、廣建平民宿舍及平民宮、增設學校（尤其職業學校）、發展社會教育、建立民眾教育館、設立平民醫院、養老院、育幼院、殘廢平民教養院、規復義倉等屬之。

至於交通建設，則分別次第完成省縣鄉道、整理水道、發展航運及民用航空、完成長途電話通訊、籌築江（江內）欽（欽縣）及廣梅鐵路、擴築廣三鐵路至柳州等。

施政計畫之成敗與否，須以優良治安為先決條件。故在未實施前，曾指派六團兵力從事清剿全省土匪。當時省內土匪主要巢穴為東江之南山及瓊崖五指山等地，為數達數萬之眾。南山方面由張瑞貴所部及第三軍一部分清勦，採取步步為營的方法，極為收效。瓊崖方面則由陳漢光率其所部三團之眾負責清勦，余限其六個月完成，但僅及四個月即告肅清。隨即實施編組保甲，安定地方秩序，以為實施之準備，因此三年施政計畫乃不得不延遲半年，至二十二年元旦始在中山紀念堂宣布實施。茲將其犖犖大者分述於左：

（1）整飭吏治方面：

自扣留佛崗縣長，及正法連山縣長後，政風為之丕變。為求養成上下廉潔風氣，通令各級人員，出巡或視察，絕對不得接受招待，更不得有任何需索。為求養成各級幹部以配合施政之需要，乃舉辦地方自治人員訓練所，及地政人員訓練班，並招收大學畢業生，成立政治深造班，施以訓練，總共受訓畢業幹部不下一萬餘人，教育經費提高至每年八百餘萬元，農林事業經費亦同時增加至八百萬元以上。當時，為求改變政風，曾決定將省府及其他軍事機關，分別遷往石牌及白雲山沙河附近，使之隔離都市，地基均已整理好，並已分設有無線電臺，惜以時局改變，未能實現。

（2）廣州市政之改良：

各市場建冷藏庫，並拆遷木屋，於沙河一帶建平民住宅近十萬戶，市容為之一新。全省各縣均已說立平民醫院、救濟院、養老院、育幼院、習藝所等，已經費不足，並曾捐募得數百萬元，以資補助。

廣州地區之工業建設實施成效亦極卓著，如第一工業區之西村，建有肥田料廠（並可製毒氣）、硝酸廠、蘇打廠、水泥廠、酒精廠。第二工業區之河南，建有紡織、蔴織、絲織、絨織、毛織等廠，產品除供給本省需要外，大部分銷南洋各地。第三工業區之芳村（南石頭），建有大規模造紙廠，每日可出產五十噸，足供長江以南各省之用。此外分在各地設有糖廠六個（新造、市橋、揭陽、順德、東莞、惠陽），產量既大，品質亦優，挽回利益不少。又於徐聞、欽廉、瓊州、惠陽建軍墾區四所，以容納退役軍人。

黃埔商埠，亦根據總理之實業計畫而開闢，當時，派羅文榦為建埠主任，下令嚴禁黃埔一帶土地之買賣，以便統籌作有計畫之建設。良以廣州商業之繁盛，必有賴於黃埔建埠之成功，此實為繁榮廣州之主要工作也。

（3）重工業方面：

建設湛江兵工廠，採用德國機器，並由六個廠合併組成，預定九年完成，約用六千餘萬元。初期建設費已用去二千餘萬元，完成後可與克虜伯、施柯達、士乃德等廠相比美。另建築鍊鋼廠二個，其一為德商承建之軍事鍊鋼廠，需費二千餘萬元，已交二百萬鎊。聘美人任總工程師，其餘工程師均為英人。約定三年後即訓練完成我國工程人員自行開工。惜以環境變遷未能實現。

由於廣東天時地利之合宜，當時決定大量發展糖業、紙業，以執中國糖紙業之牛耳。糖業方面之機器，係採用捷克與美國者，蓋用其彼此互相競爭，以各取所長，南石頭之紙廠，只建築地基，已用四百萬元，其工程之浩大於此可見。

至引為憾者，厥為翁江發電廠未能完成，若能建設成功，則廣東西至三水、中順及北江一帶，東至惠州之用電，均可解決，但其水壩之建築極需審慎，否則一旦潰決，廣州將成澤國，為害非小。故當時由瑞士與德國廠商接洽承辦，先組織兩工程隊詳細計畫。一隊負責設計建築水壩以策安全。並安裝西村士敏土廠第三副機器，製造士敏土以供翁江水電廠之需要。待工程完竣，再供敷設省道之用。另一隊負責監工及與德國、瑞士兩國廠商洽購機器，瑞士取價港幣一千九百萬元，德國取價二千二百萬元，當時余已決定與瑞士簽行合約，以局勢遽變，余乃離粵赴歐，無法繼續辦理。

（4）經濟建設方面：

當時鄒海濱、林雲陔諸人，均主張余公布經濟計畫。但余以為，余之經濟計畫乃總理實業計畫之部分。簡言之：目的在增加國家資本，一方面建設國家經濟，同時建設國民經濟。以合作經濟為基礎，以國家經濟之力量，發展國民經濟，沿社會主義途徑以達實現民生主義之計畫經濟。當時，頗有人非議，余之經濟措施為與民爭利。但余認為，供應調節民生之需要，少數重要必需品之統制，乃屬不可避免者。當時全省設義倉九十六所，用以調節糧食。並由政府設立大紡織廠，解決人民衣料問題。增加水泥產量，建築材料不假外求。取消苛捐雜稅

七、八十種，月減捐稅七百餘萬，因之物價平穩，人民稱慶。

為安定省內金融，余曾將當日所辦之兩軍墾之糖廠，撥作省行基金，以加強經濟建設之原動力，穩固廣東省行幣制之信用。至於廣東省行貨幣之發行，則組織監發委員會，以十七人組織之，十五人是省參議會及商會，純粹由人民組成，政府僅派財政廳長、省行長兩人參與督導而已。軍墾處亦協助發展國民經濟，如農民需要農貸種籽等，亦酌予供應。總之，余之一切措施，莫不以改良人民生活為出發點，而以實現民生主義為鵠的。

余之經濟計畫，原擬使農村與都市平均發展，但因人才與資金缺乏關係，一時卻不易實現。民國二十五年，余赴歐考察，始知非都市現代化，農村即無法規循現代化而發展；非使都市工業化農村亦無法機械化，故余原定之經濟計畫，其後乃不能不有所修正。

（5）交通建設方面：

廣東全省公路，據民國二十一年度之調查，已完成者僅一萬五千餘公里。經三年次第興築，省、縣、鄉道幾達四萬餘公里。不獨全省地方四通八達，毗連贛、桂、湘、閩等省邊境，亦復交通聯貫運輸無阻。農工商業固受其益，勦匪設防亦大有裨助。

為辦理廣東全省港務，積極發展航業，因設立廣東全省港務管理局，以取代原有之粵海關理船廳。並成立航海講習所，招收十八至二十五歲之初中畢業學生，予以專門訓練，使之熟習航海技能。民國二十三年七月由技士余驥會同航海講習所主任伍自立、李應濂，正式接管廣南船廠，擬具營業規則、候理艦船簡章、船塢船排租賃價目表等，備案施行。同年九月一日，由劉百疇負責於黃埔成立廣東造船廠，廠內圖則，由華益公司承辦。

為利粵省政令推行，並與國際間互通消息起見，設立了廣東無線電廣播電臺一座，以英鎊三萬餘元訂購五十啟羅華德機件，廣播力倍增。此外，並完成長途電話線網，廣汕、廣江間之無線長途電話於民國二十二年底已完成通話，至於石惠幹線、石虎幹線等有線電話，計程約五百餘里，於民國二十三年完工後亦可與廣州直接通話。

珠江兩岸交通，原定建橋三座以為聯繫。一在石牌通河南，一在黃沙通石圍塘，一在長堤通河南，但其後只完成長堤通河南一座。至於黃沙通石圍塘一座，僅完成部分橋躉，其餘一座僅作繪測，尚未動工，預定此建橋計畫完成，香港輪渡即不准停泊北岸。而在河南方面加建碼頭，移泊南岸，藉以繁榮河南。如此則地價增加，收益亦屬不少。

（6）軍事方面：

當時廣東軍隊，為數甚眾，軍費之負擔，殊為浩繁。而其素質亦甚優良，因此中央在江西勦匪方面，畀余所負之責任亦至為重大。當時何應欽任北路軍總司令。余任南路軍總司令。民國二十一年，共匪五、六萬之眾傾巢而出，撲向廣東，進攻南雄，其勢甚猛。經數日之戰鬥，互有進退。但由於我軍獲空軍之協助，及裝備之優良，軍心之團結卒將共匪擊敗，殲匪幾達三萬人。

余之勦匪主張，以「經濟勦共」及「政治勦共」為前提，「軍義勦共」運用兵力猶在其次。經濟勦共方面，當時余曾布告，要共匪自動繳械來歸，余之幕僚認為此舉頗覺可笑，但收效亦屬不少。凡繳械投誠者，余均遣回原籍，資助其安家樂業。並注意農村之安定與經濟之發展，務使人人生活問題獲得解決，而逐漸達於富足，庶可免鋌而走險，為共匪所利用。政治勦共方面，則盡力整肅貪汙，澄清吏治，提高待遇，以安定其生活。務求一切施政，達到利民、便民，絕對禁止對人民苛擾，以免引起人民對政府之反感，杜絕給予共匪利用之機會。當時廣東積極從事各項建設，發展經濟，致使社會安定，物價平穩，民生富裕，對於勦共實助力不少。

時日本在東北侵華之勢益烈。乃電省黨部，發動各界進行救國捐款，所獲捐款為數共達百萬元，頗有可觀。後即用以購買大量高射砲及飛機，在抗戰初期所用以對日本者，即以此為主。

民國二十二年夏，因第三軍長李揚敬請病假，余給以假期三個月，囑其靜養，所負職務由余暫行兼代，余乃出巡東江。

余出巡海豐、陸豐及惠來後，旋即前往揭陽。當余到達揭陽碼頭時，該地駐軍曾派部隊至碼頭歡迎，揭陽縣長謝鶴年亦率屬至碼頭，迎候余登陸。第三軍教導團隊伍後背，突有一穿軍服之班長持函交余。余接函後，渠即以左手握手榴彈高舉，右手執余衣領稱「對不起」。余即高聲喝謂：「究所為何事？」此聲一出，該兇手頗為震恐，面部變色。余即用力緊握其持手榴彈之左手，同時揭陽縣長謝鶴年等，亦將兇手緊抱。該兇手又欲以右手握尖刀，李（揚敬）軍長之衛隊排長則奪去其尖刀。時張瑞貴在余側，籌思二、三秒鐘，乃用腕將兇手盡力一推，將其摔出數丈之外。余亦因受力而向後離開原立位置約丈餘，兇手所持之手榴彈亦即隨之爆炸。在場人員傷亡達數十人。兇手亦當場為士兵亂槍所擊斃。時謝鶴年所率歡迎人員尚未散去。余隨即出席演講，若無其事。此次變故究為何人所主使，因兇手已死，無法取得口供。但眾信必為土匪所為無疑。

十四、反對閩變

民國二十二年十一月，陳真如等在福建發動事變，組織人民政府，李濟琛自任人民政府主席，並宣布「三項基本決議」，其重要內容有：

一、中國為中華全國生產的人民之民主共和國。

二、否認南京政府，打倒以南京為中心之國民黨系統。

三、清除有關總理紀念事物及總理遺像。

四、取消青天白日旗。

余審度其所作所為，既不遵奉總理，又不要黨，實感無限驚異，故當事變發生後數日，余即在西南政務委員會，提通過反對此次事變之議案。當會議進行之際，李宗仁曾持異議，謂不可遽而通過，主張暫時靜觀其變，余事先已接獲情報，謂李與閩方已早有默契，今觀此而益信，余遂決意及早表明余之態度，故不顧李之反對，力主通過，眾亦贊同。十一月二十二日乃由西南執行部發出通電，對閩省政變表示絕不苟同。

事變發生後，中央立即命余派兵入閩。余乃派黃任寰師入武平、上杭一帶。第三軍一部分推進至閩邊境，與中央軍遙相呼應。蓋是時，余負責南路剿匪軍事，實無力顧及閩變也。後李宗仁又謂：「如反對案必要通過，則主張召集號稱抗日之六君子：沈鈞儒、章乃器等，來粵會議。」余即表示反對，李謂：「既不贊成在粵召開，可否改在廣西之梧州召開？」余謂：「如在梧州召開，余則不加聞問。」李見余之態度如此堅決，對於召集會議之舉遂亦中止。

時湘省主席何鍵，亦至樂昌城與余會晤，探聽余對閩變之態度，雖則此次事變，不久即為中央所平定，但由於余所持反對之堅決，湘桂各省均未敢異動，否則影響所及，尚難預料，亦足見余所持態度，對於當時局勢關係之重要。

閩變平定後，江西共匪即有立足不穩、向外竄擾之勢，時余負責南路，防線為贛南一帶。兵力計有第一軍廣西黃贊斌師及第三軍黃質文師，防線長達數百里，兵力不及十師，當時匪勢雖大，但時為北路大軍所壓迫，余始終爭取主動。民國二十三年冬，盤踞興國、雩都等地共匪，經南北兩路夾擊，已無法立足，乃即西竄，余派第二軍軍長張達率所屬追擊，廣西亦派兵堵截，繳械數千桿，在梧州轉交余之俘虜，亦達三、四千人。余乃撥款分別資遣回原籍，使之安居樂業，尚有項英殘部，在安遠、信豐一帶，與第一軍及第三軍一部分接觸，但無激烈之戰鬥。

自福建事變後，余深感世道人心業已崩潰，乃決心重整道德以挽頹風。於是，在政務委員會提出通過尊孔案，恢復祀孔，提倡讀經。並擬聘請國內國學大家，從新整理國學，加以研究，重加編訂。當時余在政務委員會提案，每月撥款四萬元以為編經經費。然因中山大學與教育廳為編經權，互爭不讓。中山大學認為：「中大為全省最高安府，故應為中大主辦。」教育廳則已經費為省府所撥，應由省府之教育廳辦理。」彼此爭持不決，遂致未能實施。

閩變後不久，日本之侵略變本加厲，不斷向南伸展，長城一帶要地均已失陷。此時，廣東無論軍民人等，均主張積極抗日，學生亦時舉行罷課示威遊行，要求出兵北上，抗日氣氛日漸高張，大有風起雲湧不能遏止之勢。

斯時中央之政策，則以忍讓為主，余一方面要奉行中央決策，一方面又要應付日漸高張的民氣，深感進退兩難。然維護國家領土主權，乃人民一致之要求，余亦不能強加壓制也。

余一住所歷驚險頗多，但均有驚無險，不可謂非幸運。猶憶閩變後數月，余赴穗郊羅崗洞觀賞梅花。余與妻及子女數人共乘一車，另有一車載衛士隨行。於回程時，番禺縣政府民兵排長某，突率縣兵十六人向余座車開槍截擊，幸未被擊中，余車隨即轉道改赴增城。途中因速率過高，又失事撞落水中，余車均遭浸沒，車之鋼條亦多斷折。但余妻及子女數人，幸均無恙，僅余胸部被壓傷，調養一週亦獲痊癒。此次變故，雖將肇事官兵繳械捕獲，但偵訊結果士兵均不知情，排長某拘禁數月亦病死獄中。究為何人所指使，卒無法獲知真相。

十五、赴歐考察

自「一二八」事變發生後，日人侵略中國之野心益顯，廣東民眾抗日情緒達於高潮，大中學生罷課、工人罷工、示威遊行，風起雲湧，中山大學學生竟有搗毀教育廳之行為，其激昂情緒可以想見。

民國二十五年初，港督郝德傑邀余訪港，余以港方曾供給我方有關「日艦詭稱訪琼，而實則偷入大鵬灣窺測地形水道」之情報，又對治安方面亦能互助合作，盛情可感，乃答允往訪。除表示謝意外，並提出若干抗日問題與之商談，港督表示，願助我購買武器裝具，並供給抗日彈藥。余亦自動提出，以教導師及警衛旅協防香港之口頭保證。其後向英國定購大砲、飛機、高射砲、機關槍、通訊器材及醫藥、衛生材料大批，得港方便利不少，該批武器藥材，在抗戰初期，曾發揮最大效用，裨益戰局不淺。

二十五年六月，余以抗日準備工作已將完成，抗日時機亦已成熟，乃決心派兵十師北上抗日。同時發表抗日主張通電，並飭由黨部募捐款項逾數十萬元，分別援助馬占山之抗日軍，及韓國革命志士，以增強抗日聲勢。而中央認為時機未到，制止余之行動。國人亦間有誤解余之主張，諸多忖測。余以耿耿忠心既不為中央及國人所諒，為表明心跡及避免分裂計，遂即發表通電，自動下野赴港，旋派黃麟書赴京，請領護照出國考察。所屬空軍，飭由黃光銳司令率領，飛京聽候編配。陸軍則交第一軍長余漢謀統轄改編。抗日戰爭初期，均有良好戰績表現，實不負余「整軍抗日」之初志，深以為慰。關於總部交代及廣州治安，飭由參謀長兼省會公安局長何犖負完全責任。

憶余為建設廣東，曾挪用軍費七、八百萬元。而當離去前夕，軍隊欠餉完全清發，並另發伙食費半月，所存公積金三百餘萬元亦分文移交。余對廣東建設不遺餘力，成就亦尚可觀，急流湧退、臨財不苟，亦無憾矣！

八月三十日，余領得護照後，即偕同林翼中、區芳浦、黃麟書三廳長，及溫泰華、梁植槐夫婦等赴歐。余前後兩次出國，亡妻莫漱英均力贊余行，並以前途光明遠大相勗。至今思之，猶不能忘懷。成行之日，亦深以能償赴歐考察夙願為慰。

船抵義大利之威尼斯港後，即登陸赴瑞士考察，該國政治民主，且人民行使直接民權，議會權利亦大，民主風氣可與英法並駕齊驅，實足為吾人借鑑。人民豐衣足食，低收入者之財產，每人亦有瑞幣七百元之身家。地方建設極現代化，風景亦佳，無怪瑞士有「世界花園」之稱。一日在某旅館午飯後，有該國記者訪余，對余謂：「前陳將軍建設廣東，敝國得與合作，甚感敬佩，惟報章有載殺痲瘋病人之事，是否屬實？」余答謂：「瘋人既為病人，而非罪人，何至以罪人相待而予以殺害？君當知石龍設有痲瘋病院，收容治療痲瘋病人，焉有殺害之理？如有，則非余主政之時，當不能負其責。」彼乃冰釋。

在瑞士作一個月之休養及考察後，乃轉赴義大利。該國政治領袖莫沙里尼，在米蘭地方，將退伍軍人組成六團，以反共為號召，卒能獲得政權，以前該國人民懶惰頹靡不守時間，地方汙穢，政治敗壞，盜竊之風甚熾，莫氏執政後，一掃以往積弊，建設國防軍備，對空軍建設、交通發展、政治改革均甚成功，工廠及博物館亦頗具規模。鴻圖大略，殊堪敬佩。外長齊亞諾，為莫氏女婿，年少精幹，且有強硬外交手腕。余曾與劉大使文島往訪，晤談二十分鐘。羅馬帝國時代之暴虐政治，迄今尚有不少遺跡可尋。如羅馬現尚有不少地窖，為當日囚禁囚徒之所。聞常縱放猛虎進入地窖，使之殘害囚徒，其不顧人道有如此者。

考察二十餘日後赴法。抵法曾參觀議會兩次，均遇見議員在議席上互相鬥毆，由議長搖鈴停止開會。該國政朝迭起，實非偶然。參觀空軍時受到隆重軍禮歡迎。其空軍多種設備，均相當可觀。至於教育，則中學生受教甚嚴，絕非如我國學校之散漫。士乃德兵工廠，規模甚大，乘車參觀亦達數小時之久。南部香水廠林立（有七十餘廠），數十里之內，香花與香水之香氣相混，到處皆是。在法國參觀世界展覽會，達十七日之久。展品琳瑯滿目，美不勝收。其中以英國紡織品為之冠，而西北歐各國之物質文明，亦有優良表現。巴黎遊客眾多，言語複雜，足見各國士女遊巴黎者之眾。法人好享樂，工作並不勤勞，且時有罷工風潮，其國勢日趨削弱以此為主因。而該國完善之下水道建設，則值得吾人所仿效。余因風濕骨痛，到艾斯里崩之溫泉沐浴治療，經二十餘日始癒。

在法逗留四個月，旋赴英倫。先考察牛津、劍橋兩大學，該兩校自成立以來，改革甚少，一切均採保守作風，但教授素質甚高，教學認真，故英國各級幹部，多由該校出身。圖書館內，陳列中國書籍不少，足見對吾國文化之重視。

該國政治，在十八世紀時，甚為腐敗，搶劫之風亦盛，倫敦市內，尚有匪巢遺留。供人憑吊，但經工業革命後貪汙絕跡，治安轉佳。於此足證余之工業計畫如獲成功，則不特經濟問題可以解決，即政治文化亦可隨之而進步，實非空談。至於該國政治進步原因，第一：考試。第二：為考績。第三：為改良待遇。第四：為保障職位。舉賢任能，人人安心工作。政治日趨修明，而其他部門亦隨之而發達。惟該國糧食不足，每年仰賴印度、丹麥輸入農產品不少。

倫敦冬季霧大，行車甚為危險。余參觀工廠及博物館時，曾被煤屑飛入眼內，醫治兼旬始癒。當地華僑非多，僅辦有小學一所，余曾捐助款項。華人街道汙穢，與他區迥然不同。

嗣赴德國。政府招待，執禮甚恭。參觀其聯合煉鋼廠，克虜伯兵工廠，及各大工廠，機器新穎，管理得法，規模宏大，為他國所不及。

市政方面，房屋均尚方形，絕無圓形，整齊劃一。市街及地道交通，各車站整潔，為世界冠。柏林近郊有一小河，水道交通不便，而以空中吊車儼若鐵路為補助交通，足知其科學之發達。該國運河亦發達，分段設置水閘，因水面不平，以起重機將船吊過他段，工程甚大。

納粹黨黨務活動，均在夜間，利用業餘時間，不影響個人職業。故其幹部，均盡義務，不支薪津，余曾到數處參觀，亦係夜間前往。其全國各種實驗室，雖星期日亦不休息，照常指導學生，從事實驗工作，其民族之精神於此可見。嘗見德人與義大利人在戲院共同舉行電單車及單車競賽，德人奮勇爭先、不避艱險之精神，均為他國所不及。即此可知，日耳曼民族之優秀及其奮鬥，絕無滅亡之理。

其小學畢業之青年男女，如要結婚，仍須入結婚訓練所，受訓六個月，方准舉行結婚。軍人在公共場所、車站及街上不吸菸。舞場亦無軍人足跡，其軍紀之嚴肅可知矣。當時，余即判斷德國必將復興，且不久即可能有軍事行動，即以上述所見為根據。惟其糧食不足，當時粵之石井兵工廠及琶江兵工廠之建設，及粵省所定德國一切機器，均可以農產品之荳類議定價格，分期交付。

在德國勾留約五週，即赴捷克。先是捷克政府曾派員到倫敦歡迎余往。及抵境，以友邦上將禮接待，參謀總長親到迎接，軍警站崗戒備，並空出最新建成之華貴旅館全間，為余等住所。

余於抵達之次日，即往回拜參謀總長。每當余等前往各處參觀，必派護衛車，並派掃雪車先行開道，至斯可達兵工廠參觀，見其規模之大，足與克虜伯廠相媲美，引導參觀人員，曾將第一次大戰後復興情形，為余等詳述，謂：「全國體育會，有基本會員數萬人，每人月納會費十元，如有建設體育一切設備之需要，並盡力捐獻，政府年中亦有補助。該國於第一次大戰後，即賴該體育團體革命成功，即以此為復興基礎」云云。余因目視德國整軍經武情形，曾對其參謀總長提供意見，謂：「貴國應對德國提高警惕。」總長表示同感並致謝意。

十二月十二日西安事變發生，蔣先生被劫持，情勢嚴重，余為期早日結束考察日程，歸國共負艱鉅，乃即赴奧地利考察。時為隆冬季節，該國失業人數甚多，政府只能派任掃雪工作以代救濟。此乃因該國於第一次歐戰時，工業方面損失頗重，一切工廠大都尚未復元，政府未上軌道之故。

旋赴匈牙利。因我國元朝太宗窩濶台，曾攻打至德國之棉森（Manson），及占領該國之全部地方，故余抵該處時，其人民自稱祖先為東方人，對余等極表親善，引往各處參觀。並稱戰後頗多無法恢復舊觀，從前富者均變為貧人。

此時，余著翼中、芳浦、麟書三人先返國。余送徐等登車赴義大利後，亦即與梁植槐夫婦及溫泰華等，前往南斯拉夫。該國為農業國，工業並不發達。除略考察其農業外，無其他可供考察。然英民族勇悍，第一次大戰時，曾有良好表現。

隨即往保加利亞，該國地小民貧，無甚可述。旋赴土耳其，見其民族性與一切建設，均與遠東無大異，但在凱末爾實行革命後，一切均有改革進步。人民禁用包頭巾，違者拘禁，可見其政令之嚴。惟工業仍不發達，失業者甚多，到處可見乞丐。參觀其皇宮博物館，尚存老太監一名，與之攝影留念。該國人團結性甚強，強鄰虎視眈眈，而卒能屹立，未始無因。

時余惡性瘧疾復發，請美國醫師診治，亦不知為何病，嗣溫泰華將其在國內時，曾患惡性瘧疾情形相告後，以惡性瘧疾醫治獲痊癒。熱退後，欲食瘦猪肉粥，囑人購買猪肉不到，始知全土耳其是回教國家，全國不宰猪，故無猪肉可購。

瘧疾癒後，即赴希臘，抵京城雅典，該國為文明古國，文化政治相當發達。歐洲文化發源於此，繼之者即為羅馬帝國。該國與英國有傳統友誼，且迭結秦晉之好。建設方面頗多，但不偉大。只有美國工程師所建之自來水塘，至為宏偉，他無可述。

不久西安事變和平解決，十二月二十六日蔣先生平安返抵南京。余擬再赴北歐考察。於是，復往瑞士留住旬餘，當時曾邀集留歐學生敘晤，報告廣東建設實況，彼等均感滿意。時美洲華僑來電，歡迎遊美，余擬考察北歐（瑞典、丹麥、挪威等國）完竣，再行赴美。不料蘆溝橋（七七）事變發生，抗戰開始，事遂中止。

時中央已決心抗日，余乃即赴巴黎，協助顧維鈞大使，僱請法人演講，控訴日本罪行，並向法商催促，迅速交付余前所訂購之軍需品。

余此次來歐，所到各國，均蒙我國公使及大使熱烈歡迎及招待，照料一切，綜括遊覽歐洲所見各國，科學均達相當水準。而蘇俄至少落後五十年，人民生活亦然。經此次考察，檢討余之三年建設計畫，深感過去重視政治訓練而忽略經濟建設之失當，並因現代經濟人才太少，致合做事業等迄無成就，而都市與農村平衡發展亦為不可能，蓋必都市機械化成功，然後農村機械化始有成功之可期也。致於工商管理方法、成本會計制度之實施，及該項人才之羅致與養成，尤應予以重視，他日光復大陸，重建國家，當本此一得之見，貢其棉薄。

余以國難方殷，決即歸國，經義大利時，曾請劉文島大使向義洽購飛機七百萬港元，以供抗日之用，劉氏電報中央，蔣先生來電嘉獎，並促余返國，電中提及購機權應屬中央，余當接受，後卒向美國洽購。歸程中接獲上海發生戰事消息。余即電李欽甫，撥港幣十五萬元，為接濟在滬之粵籍同鄉返港或回粵之船票費用。欽甫即將款交上海慈善團體辦理。船經新加坡，當地華僑多人（內有老僑胞十餘人）到碼頭歡迎。余當即登岸與之晤談，並至旅館休息三日。目睹僑胞愛國熱情，深感佩慰。

十六、全面抗日

民國二十六年九月初返抵香港，抵境之日，吾粵文武當局，派代表李大超、香翰屏二氏，歡迎余返廣州，中央亦來電，促余入京共商抗戰大計。及抵廣州，余主張多調兵到上海作戰，適余漢謀總司令患病，只簡單表示，如中央再需調兵參戰，令下當即遵辦，余亦囑加強廣州近郊工事，以應事變。

余旋即赴港小住數日，乃偕翼中、芳浦、麟書、公卓、欽甫諸人，搭機經漢口入京，當即往謁蔣先生，表示共赴國難之誠意。時在滬參戰之昔日同袍（六十六軍八十三軍共四師一旅），來電歡迎赴滬。余覆電答允，並即報告蔣先生，蔣先生亦同意，囑余先視察工事，三日後再往滬。

余偕白崇禧（健生）及軍政部高級人員數人，同往視察二日即竣事。余呈報蔣先生以京郊工事不合時代需要，如為德顧問所為，應請查究。蔣先生並詢余：「南京是否可守？」余謂：「現為立體戰爭時代。敵人海空軍及砲兵均處優勢。長江與城垣不特不能成為優越之防禦條件，長江反易為敵海軍利用。且就敵人進攻方面而言，長江適在我後。背水而戰亦為兵家所忌，故余不同意守南京。」嗣開軍事會議，余復申前說。何、白諸人亦贊成余說。無奈唐生智自告奮勇，願負責死守，結果中道棄守，消耗吾粵健兒二萬餘人，將官傷亡亦達數人，殊覺痛心。唐生智雖未受中央處分，亦應自殺以謝國人，乃竟恬不知恥，忍辱偷生，其後投匪求榮，身敗名裂，又何足為怪！

蔣先生既決以唐負責守京之後，上海戰事急轉直下。乃囑敬之告余：「滬將不守，勿再赴滬，應趁未有任務以前，先行離京赴湘，或赴贛候命。」次晨，余即向蔣先生辭行，經贛赴湘之衡陽暫住，抵達後，住於衡山福巖寺，不數日，戴季陶先生亦寓是處，於晤談間，曾建議先生改良佛教，余謂：「外國教徒，入教即入世，我國教徒，入教即出世，對於社會人群毫無裨益，可否由先生提倡改良？」當蒙贊同，乃各出五百元，宴請和尚闡釋前說，結果佛教徒亦組擔架兵一隊，赴前方服務。

嗣國府遷漢，余亦前往，在南京時，曾向蔣先生建議，加強對美、英、法、蘇外交關係，並主張孫哲生赴蘇，宋子文赴美，王寵惠赴英，附帶對法聯絡，斡旋各國外交，以與我有利為目的，後來政府亦大致如此實行。余並謂：「美向無領土野心。日、俄戰後，美國政治家，均主保持我國領土主權之完整，尤應與之親善，從事經濟合作、技術合作，歡迎其大量投資開發工礦實業，以完成總理實業計畫。」抵漢後，復向蔣先生建議兩事：（一）、所有全國各淪陷區之學生，凡失學者，均由政府收容教育，以為後期抗戰及復國建國之準備。（二）流亡兒童，亦由政府提倡，號召社會，儘量收容，余當即捐二萬元，協助此一工作之進行，蔣先生均採納實施。

蔣先生曾二次促余復出統兵，余以過去實行三年計畫後，對軍事甚少研究，對經濟、政治、社會文化甚感興趣。近來致力於此，不願再掌軍事，婉詞推卻，嗣後陳誠（辭修）又於某夜九時，銜蔣先生命訪余，謂：「蔣先生決以一個戰區職務畀汝。」余以吾粵精銳部隊，在南京保衛戰損耗慘重，決不再掌軍事，並重申對蔣先生所提前說。且謂：「如非自動請纓，而必強余為之，則惟有自裁。」事乃寢息。但以李欽甫有志於軍事，乃向蔣先生推薦。後派赴珞珈山訓練團負責教育工作。

蔣先生以余不願帶兵，詢余欲任何職？余答：「只求對國家有所貢獻，即參諮議亦所樂為」。後被任為國府委員。二十六年十一月國府遷渝。漢口只設軍事指揮機構。適值余妻莫漱英留居香港腎病復發，熱久不退，余內心深覺不安。擬赴渝就職後，請假赴港料理。因余半生戎馬，奔走不遑，對於妻子甚少機會照料。擬乘此職務較輕，稍盡夫道。乃向蔣先生面陳。蒙慨予允許。於是赴渝就職。隨即返漢面謁蔣先生後轉赴香港。抵港後，藉劉瑞恒之介，獲識協和醫院外科主任謝元甫（中山人，加拿大出生）。為余妻施手術一次，將輸尿管結石取出。手術情形良好，健康日有進步。據該醫生謂：「右邊尚有一石，如無發作，可無須施割」，余心甚慰。

民國二十七年，汪精衛因主和，與蔣先生意見不合，乃於十二月二十一日經雲南逃至越南。某日，路透社記者訪余。謂：「本社得到消息，汪與陳將軍均主張與日媾和。如果僅汪一人主和，影響不大，倘將軍亦主和，則情勢當不同矣，究竟將軍之主張為何？請有以見告。」余答謂：「余素主張抗日。君等如非健忘，當可復按。今日人著著進攻，豈有主和之理？明日余當至余所創辦之德明中學發表演說，闡明主張徹底抗日立場」。記者乃興辭而去。當余在德明中學發表演說後，汪妻陳璧君，曾數次訪余，余均避不見面。

不久，蔣先生派翼中來港，促余返京。二十八年九月，乃偕翼中、芳浦、麟書等，經越南、雲南入渝，順道考察西貢、海防、河內等地，及抵雲南，得知石井兵工廠，及韶關飛機製造廠，已遷抵該處，滬江兵工廠亦遷抵重慶，多年經營之抗日準備之軍事機構，得以保全，且可藉機發揮效用，實感快慰。嗣蔣先生派其座機來接，遂搭機赴渝。

至渝後，軍事委員會即指定同園為吾人住宿之所，並派定廚師，專司吾人膳食，及汽車一部以利出入，招待至為周到。在此居住約一月。度過雙十節後，余乃赴成都、新城、灌縣、峨嵋山等地旅行。

民國二十八年十一月十二日本黨五屆六中全體會議在重慶召開，蔣先生命林中向余徵詢，囑在農林、社會、海外等三部，擇一負責，並在三日內回報。余因感自己是農村生長，深知農民生活之苦況。且感農業為我國立國之本，況在抗戰期間，關係軍糧民食至大。乃決定選任農林部長。同時，蔣先生復提名余任中央常務委員，及國防最高委員會委員。

十七、出長農林

民國二十九年三月十五日，中央正式發表余任農林部長，農林部乃新設之部，一切均須從新著手，絕無成規可循。時經濟部原設有農林司，但已經費缺乏，且無人才，徒具虛名，因此，今後之農林事業，應如何力求發展，以配合抗戰需要，乃為當時急切之圖，故籌備工作，千頭萬緒，極為費時。

余用人一本至公，故決定羅致全國農林人才，集中力量，開闢中國農林事業新歷史。因此，乃電請中山大學農學院長鄧植儀，來渝協助籌備，並計畫一切。同時，選定農麻專門人才張遠峯、錢天鶴、趙葆全、李順卿、皮作瓊等二十餘人，擬訂中國農林施政計畫，及廣東三年農業計畫。而各方面推薦之農林人才亦達四百餘人，均由林翼中、區芳浦審慎遴選。並召集各人談話，徵詢關於農林方面之意見。

時因籌備工作尚未就緒，聖久未就職，蔣先生對此極為關懷，催余迅行就職，並謂知余對於農林事業必有新的計畫，囑儘量發揮，採取各國之所長，不必有所顧慮。當曾向蔣先生提出下列各點意見：（一）中國幅員廣大，荒地甚多，必須設法開墾。（二）滇緬路業已開通，西南方面必將隨之繁榮。似應開闢一南方走廊，以為移民之準備。（三）新疆之天山南北路尤須迅速從事開發、移民，以為對蘇之準備。（四）余對蘇聯所行之各種農林制度，或有取資參考用之處，但只取其名稱，而不採取其精神，如國營農林事業必須舉辦，但辦理完成後，即交由各省接管經營，與蘇聯一切由中央壟斷者不同。（五）實行總理扶植農林目的，積極辦理土地銀行，實行耕者有其田。並報告余目前雖未就職，但已有不少人員積極辦理籌備工作，一俟稍有就緒，即當遵命就職視事，蔣先生對此均表同意，並表嘉慰。

計自三月十五日發表余為農林部長，至七月，歷時四月，始籌備完成，二十二日余乃正式就職，並派林翼中為政務次長，錢天鶴為常務次長，張遠峯為農事司長，趙葆全任農村經濟司長，李順卿任林業司長，鄧植儀任技監，皮作瓊任簡任技正，兼糧食增產委員會副主任委員（主任委員余自兼），區芳浦任顧問，兼總務司長，墾務總局長余自兼任，派唐啟宇任局務協辦，代余負責。

余之農林政策，乃將兩次赴歐洲考察各國所得，綜合研究，採長去短而決定者。故仿照法國，將農林部不設於都市，而設於離重慶三十餘里之新發鄉，利用當地廟宇，並搭蓋少數茅草房屋，為辦公之用。

時余之舊部，聞訊前來求事者為數頗眾，余以彼等多屬軍人，不適於任此等工作，均給予旅費遣返，而專用農林專門人才，即余戚莫以楨，雖曾任團長，經區芳浦派任專員，余亦認為不可，改派為辦事員，隨余辦理什務。

因感於第一次世界大戰德國之失敗，係由於糧食之缺乏，乃組織糧食增產委員會，從事糧食增產工作，以應抗戰之需要。當時，調集有關人員，及動員全國農學院及農業專門學校二年級以上之學生，下鄉協辦增產工作者，即四川一省，為數幾達千人。收效頗大，川省尤著。故在抗戰期間，對於糧食之供應，實不無裨益。

民國三十年四月一日，召開全國農林會議。決定全國農林施政計畫，舉凡有關農林、漁牧、水利、墾殖等，均經詳細研討，擬就實施方案、呈請撥足經費實施。計由本部直接辦理者，有淡水魚繁殖場。由香港用飛機運魚苗入川，推廣並獎勵農家開設魚塘養殖，以促進抗戰後方魚量之增產。又開辦大規模之耕牛繁殖場，從事耕牛選種改良及繁殖工作。西北各省，為羊類出產地區，故於甘肅開辦大規模之牧羊場，從事繁殖及病疫預防，以為示範。又於陝西、甘肅、河南、四川，分別設立黃龍山、黎坪、優牛山、河西，及東西山五個墾區。收容難民幾達二萬人，使之從事開墾。其中尤以黃龍山墾區規模最大，墾民約有八千人，次為黎坪墾區，墾民約有四千人，均屬河南方面之難民。彼等因獲得收容，不致鋌而走險。對於安定抗戰後方，裨益至大。

時余妻右邊腎石加大，而變為慢性腎炎，長期發燒，病勢日益加重。菲律賓及香港醫生，均主張再行開刀割治。余乃復請協和醫院外科主任謝元甫醫師赴港，再行割治，但彼以戰事影響，不願南行。後由外交部長王亮疇，及美國駐華大使詹順協同敦請，始允至港。但開刀後，因結石過大，而流血不止，遂決定將右腎全部割去。據謝醫師專函云：「只剩下一腎亦有再活二十年者。但必須對病人嚴守祕密，以免影響其心理始可。後因赴戲院看戲，左腎受冷，遂致復病，且勢更嚴重。七月十九日余接醫師簽字電告，乃決定請假返港。二十一日專函陳布雷先生，代余呈請准假二十天，二十三日乘機飛抵香港，與中西醫生會面。皆云：「人事藥物俱已用盡，無法挽回。」端賴病人本身力量以為抵抗而已，直至假期已滿，病狀仍無進步，後以余妻病勢過重，極須料理，乃電中央辭職，未能獲准，只准隨時來往港、渝，料理妻病。

余已決定於十二月十四日返渝，不料，日軍於八日即進攻香港。余深知如在港為日軍所獲，必將被迫與汪偽政權合流，而為其所利用。因此，即電請中央，派機來接。已蒙中央復電派機，但因九龍機場已失守，飛機無法著陸。且當日軍進入九龍攻至銅鑼環時，情勢已急迫萬分。不得已乃化裝離家，遂與中央失去聯絡，余遂決意冒險逃出香港。至於脫險經過情形，已另有「香港脫險記」（詳見「傳記文學」雜誌第十四卷第三期）詳紀其事，茲不再贅。

余脫險返渝後，中央極欲余繼續掌持農林部。但余力辭，而專任國防最高委員會委員，及中央常務委員，因此，對中央常務委員會事務，頗能多加注意。根據北方各省向中常會之報告獲悉，共產黨在長江以北，殺害本黨同志，已達四百餘人，故凡屬各省因公來渝將領，與余會晤時，余均主張向共產黨施行攻擊，絕不能再加寬恕。時適廣西捕獲共產黨八十餘人，余即以常務委員，資格去電，囑將其集中感化後，再提會追認。嗣接復電，業已釋放。余再函粵南路各專員公署，務須防範此輩前往活動，以免地方為其禍害。

由此可知，余對共產黨之奮鬥，不因時地之變移而稍有妥協之餘地。即如廣東之東江，曾生輩在抗戰時，在惠州等地，藉組織游擊隊之名，大行土共在鄉橫行之實。邊區司令香翰屏到重慶時，余曾面囑，設法清除曾生共匪，以慰剿共陣亡將士之靈，惟香翰屏返防後不慎，與民軍司令輅鳳翔商討解決辦法。後為輅鳳翔姑息而放之，以致再為廣東東江之患，殊為可惜。

民國三十三年五月二十日，中央召開中全會，余因病未能出席，蔣先生原欲來寓探余，嗣因見余寓所在生生花園，狹隘且路崎嶇難行，乃改派其公子蔣經國代表前來慰問。在抗戰八年間，凡開中全會，余與何應欽將軍同為黨中軍事組召集人，因適逢一次余不能出席，所有南北各省來渝出席人員，均至余寓晤談，獲悉軍隊待遇微薄，士兵營養缺乏，時有暈厥者，且軍風紀極壞，到處騷擾人民，軍隊所到鄉閭，食民之糧，取民之物，誠恐影響抗戰前途非小。余病癒後，即將此情形向中常會報告，並痛責政治部長張治中，不將軍隊生活情形向蔣先生報告，實為對黨國不忠，全場為之鼓掌不絕，甚且有呼「中華民國萬歲」者。會後，余親赴張氏寓所表示歉意。說明會中所言，完全為公絕無任何私見，請其原諒。翌日，蔣先生約余吃晚飯，問及此事，余謂：「政治部之責任：括有（1）引導軍隊與民眾接近，（2）幫助維持軍風紀，（3）在戰場上鼓舞士氣，（4）加強軍隊政治訓練，（5）注意士兵生活及向長官報告。余所指出者乃軍中生活實際情形。為抗戰前途著想，實不得不言者，對於政治部，絕無任何私見」。後蔣先生乃與余面談，關於增加軍隊主食問題，卒決定每人每日增加食米五兩，如食不完，可以將餘米作有計畫之處置，或變買油菜，增加士兵營養，而免擾及人民。

十八、戰後瑣憶

民國三十二年十一月二十三日，中、美、英於開羅舉行會議。蔣先生於出席前，曾徵詢國防委員會，關於戰後處理朝鮮、越南、香港等地意見。余當時在國防最高委員會建議，朝鮮必須完全獨立。越南原為吾國屬國，可在十年至十五年內，給予獨立，吾人可極力助其軍事、經濟、政治及一切，亦約於十五年間，由安南向我請求作為聯邦，併入吾國版圖。不意開羅會議時，羅斯福主張越南留待戰後再談，臺灣及東北則歸還我國，韓國則短時期內，暫由國聯託管，將來許其獨立。

當時，我國防委員會亦建議，請羅斯福設法，戰後交還香港。羅氏返華盛頓後，復電蔣先生，提議將香港改為自由港。蔣先生交國防委員會研究，余認為不可。因香港是吾國領土，可作南方軍港，如改自由港，則政治、軍事均非吾國所能置。余極力主張應為吾國之屬地，但可作為無稅港，對於外國原有產業，一切照舊保全。孫科亦極支持我的建議。惟後羅斯福對此意見不復。勝利後，吾國對英國外交，關於香港問題仍持保留態度。

關於國幣回籠問題，當時，余曾提議發行金公債，以收回國幣。孫科贊同余之意見。但孔祥熙則力表反對，致不獲通過。

時因鑒於重慶警察之腐敗，會中曾提議，招收高中畢業學生萬餘人，施以警察訓練，將來用飛機運往各重要城市，負責接收，俾期易於恢復秩序，亦為孔祥熙所反對而不獲通過。

民國三十四年八月十一日，日本投降，抗戰勝利，中央乃派余與李文範為兩廣及臺灣宣慰使。臨行前，蔣先生約余晤談，問余對共產黨之看法如何？余謂：「就余在蘇俄觀察所得，絕對不能言和，所謂『和亦不過為其鬥爭之策略』，談談而已，其心目中，絕無所謂中國，只知有共產國際，穌俄社會民族黨，即因與共產黨談和，而卒被消滅，實足為吾人殷鑑。如吾人有充足力量，必須迅行剿共，目前抗戰能如此迅速勝利，使吾人獲有充足力量清剿共黨，實乃國家之福。

時毛澤東來渝，欲與余會晤，托政治部長張治中約余。經考慮結果，決定拒絕會見，蓋其曾於大公報發表談話，攻擊國民黨保甲制度。殊不知保甲制度乃對付共產黨最有效方法。彼之見解既如此，會見殊覺無何意義。且余自莫斯科返國後，深知共產黨之所為，索性以其攻擊國民黨之保甲制度，而拒絕會見。

余於十二月十三日離渝後，即往廣西之桂林、柳州、梧州等地工作，指當地政府從事復員，並視察黨務，獲悉中央所欠該省黨務經費，達二千餘萬元，乃電請中央予以照數補發，並請撥補給車輛，以助其復員。嗣回至廣東視察，知中央所欠粵省黨務經費尤鉅，竟達四千餘萬元，當電請中央照數補發，並協助其解決有關復員之困難。時余妻病勢日趨嚴重，極須料理，遂與李文範分道，請其前往臺灣，余往海南。

民國三十五年一月十八日下午一時，余搭機飛抵海口。第四十六軍韓軍長，率領當地各機關首長及儀隊在機場迎迓。旋即前往軍長官邸休息及午膳。七日行程中，除與當地各軍政首長舉行多次會談外，並前往各地作實際參觀、視察，發覺該島於日人佔領期間，確實興建不少工廠。但戰後接收情形弊病甚多，公家損失極大。余乃建議中央將該島劃為特別區，派要員負責治理，並派專門人員統接統收，妥為利用，否則半年後，則日本所建設之各種工廠，必遭散失。後即與李文範會報中央，結束宣慰事宜。余乃於一月二十四日上午十時搭機飛往湛江轉茂名，探望余妻。時余深知馬歇爾使華，乃是與共產黨言和者，余之剿共政策，必無法施行。更因余妻病纏，須待料理，故決心不再回京。

余既決心留茂名料理妻病，乃將實情電報蔣主席。舊歷年關過後，即携帶余妻莫漱英，及在茂名讀書之子女赴廣州，聘請名醫楊子韜等，研究治療方法。初用「盤尼西林」無效。後改用「斯塔杜米仙」（Step Tromy Cin），以反應不良，因此日趨沉重，卒至不起，痛哉！據醫謂：「尊夫人之腎臟緩性炎症，本非嚴重，竟至不起，實因用藥反應之所致」。因當時所請之醫生，對此藥尚少經驗，致有此失，悔恨無窮。

民國三十七年二月（陰曆正月二十七日）余妻逝世。子女幼小，中年喪妻，痛苦何似！得區芳浦兄婉勸云：「聽吾公哭訴，均是文言，且吾公又識作詩，何不吟詩留作紀念。」余從之，即吟詩以悼之，余子女未成年者多，照理諸感麻煩，更增對亡妻哀思，在此一年中，吟成悼亡詩千數百首，是年十二月二十二日，曾一度暈倒達數分鐘之久，幸為樹桓發現，即呼人抬余上床，並以電話約醫生數名來家會診，始能脫臉，旬餘乃癒。

余妻逝世，蔣主席來電慰唁，並促余赴京任職，國府派余任行政院政務委員及戰略顧問職，余以子女眾多，而多未成年，須自料理家務，且平時不慣理家，今處此境，實感困擾，無法抽身赴京供職，電復婉辭。

十九、南海風雲

民國三十八年初，中央以海南地位重要，劃為特別行政區。先後委派張向華、李伯豪為行政長官，均辭不就。鄒海濱等諸元老，以大局如此嚴重，應遴選革命性強而富於經驗與服務熱情者擔任，並認為余最適合。先未徵求余同意，即向孫哲生院長提出。孫先生深表同意，發表後乃約余晤談，余以見危受命，義不容辭，慨然接受。當提請組軍三旅，以資清剿海南馮白駒匪股，奉准照辦後遂即開始準備工作。

是年三月二十九日，飛赴海南，四月一日，接任視事後，大陸局勢即急轉直下，共匪不費一槍一彈，即直渡長江，進迫南京。國府乃不得不南遷廣州。斯時，以對共匪主戰主和意見紛歧，爭論不休，日隘加深當時局勢之危機。而李代總統宗仁則由京巡返桂林，曾致函敬之院長，促蔣先生出國，敬之報蔣先生，蔣先生以李代總統是黨中同志，竟亦有此舉動，殊感痛憤。嗣敬之復以函示余，余卒讀後亦不覺慨然淚下。曾擬請閻錫山（百川）、朱家驊（騮先）、吳忠信（禮卿）及余等四人為使，赴桂林勸李氏來粵。余請敬之先電白健生至桂林相候，如白氏答允，余等即成行。抵桂後，余勸李氏以黨國為重，來粵共撐危局，李氏雖抵粵，然發表談話，仍一面主張抗共匪，一面主張和談。余以與初衷相背「大感失望，曾向孫哲生建議：「蔣先生為主戰者，應請復出領導。」孫氏謂：「汝既赴臺（銜李氏命促辭修來粵）可乘便面謁蔣先生徵求意見。」及抵臺，與辭修談及擬謁蔣先生事，渠謂：「此時無可能，因蔣先生此時住兵艦上。」先是敬之院長以李氏到廣州後，已有倦勤之意，辭修曾勸余出任行政院。余以時局如此複雜，難期有所建樹，未予考慮。嗣李氏提名居覺生，因立法院不能通過，李氏又折返桂林，余勸李氏可另擇他人，不應因此置國事於不顧。李氏囑余及于（右任）院長，徵詢閻錫山或朱家驊意見。後閻氏允就，事乃能決。余以斡旋大局，奔走各方，今幸不辱使命，私心稍慰。並以離所已久，諸事亟待處理，遂即飛返海南，繼續進行治理工作。

當余飛赴海南時，余幄奇勸余：「先選調步兵一團至海口，始可前往。」余答：「不必要。」三月二十九日，即飛赴海南。到海口之日，歡迎之群眾叁萬餘人，沿機場至長官官舍，列隊盈路，足見民眾望治之殷，盼余到海南之切也。馮白駒聚匪眾，迫近海口，聞余到時則退避六十里。足見余當時尚有治粵之餘威，共匪固不敢放肆，粵民信賴之心亦切也。憶余奉命參加斡旋工作，費時幾達二月。至六月初，始能專心致力於海南軍政之部署。

就軍事方面言，大陸已岌岌可危。海南軍事之措施最急切者，厥為肅清內部土共，以免將來防守海南背面受敵。故當時曾兩次作嚴密之部署，進剿以五指山為巢穴之馮匪白駒，限期肅清，惜均以大陸之軍事緊急，圍剿部隊臨時奉命他調，致兩次圍剿計畫均未成功，留貽心腹之患。否則以當時兵力及士氣防衛海南，必可堅守相當時日而不致淪陷匪手。蓋海南撤退不及兩個月，南北韓戰爭即行爆發，共匪須抽調兵力北上赴援，即削弱其進兵海南之力量。如此海南必能防禦，當無可疑。而對於目前反攻復國之形勢，必將大不相同矣。

海南於抗戰時，被日本佔領期間，對於水電、工礦及交通事業，開發與建設不少，如東方水電廠、石祿與田獨鐵礦、士敏土廠、磚瓦廠、製冰廠、酒精廠、鼓油廠、火力發電廠、鋸木廠以及冷藏庫等，為數甚多。惜於勝利接收時：流弊百出。且接收後，又不加以保護及利用，任由廢棄，言之痛心。猶憶勝利後，余至海南宣慰時，曾建議中央將海南劃為特別區，派要員治理，並派專門技術人員負責接受利用，對於戰後海南經濟實不無裨益。待余接任時，能維持原狀者，僅田獨鐵礦而已，其餘均已變成廢墟。余當時即請准中央，將該鐵礦交由長官公署接辦，俾得就近從事整理，增加生產，以為建設海南之基礎。斯時，海南之國民經濟，因抗戰時受日本之摧殘，戰後又因土共擾亂，未能休養生息，民生凋敝已達極點。故余未接任之前，即與諸兒談話謂：「余此出長海南軍政，非為做官，乃為救國救民，及為汝曹著想，蓋國家民族已如此危急，救亡圖存實人人有責。如不能挽救國家民族之危亡，則汝曹日後世世代代即將為人奴隸。但若要救國救民，必須不惜犧牲個人資產。屆時如為父者需要變賣多少家產，以供軍政費之需時，汝曹不可懷怨。」待接事後，因中央遷播不定，軍政各費時虞不繼，乃不得不將私人產業向中央銀行押款應急，奉當時行政院何敬之院長批准，押借港幣三十萬元，後只借到十五萬元。其餘在港澳兩方向私人挪借者，為數尚多，未能盡列。

余當時治理海南，曾提四個口號，即「軍事新生」、「政治新生」、「社會新生」及「經濟新生」，以為共同努力之目標。為求經濟之復興，必須先安定金融，當即呈奉中央核准，成立海南銀行，發行銀元券，信用極著，並呈奉核准將中央管轄之價值銀元百餘萬元之敵偽產業，撥入該行為基金，用以鞏固幣信。為求發展合作事業，促進農村經濟之繁榮，特發起組織合作銀行。各界認股極為踴躍，預定股本額為銀元貳百萬元，籌足壹百萬元，即行開幕。惜以奉命撤退，未能實現。

亦曾收集殘破機器，建設一小規模之紡織廠於府城。曾有多種民生日用品、所需之衣料出品，供應市場。余半生來，如遇有治理之機會，即注意民生問題，所以雖在紛亂之中，仍著重建設者，即是此故也。

為求配合政治之改革及鞏固政治基層組織，乃成立海南幹部訓練團。招收高初中畢業學生，施以訓練，以養成各級幹部，經受訓畢業，派往各鄉鎮任鄉鎮長者，均能克盡厥職，極著成效。

此外並成立軍事幹部訓練團。在廣東南路各縣，招收高初中畢業學生，授以軍事訓練，共有學生八、九百人。在海南撤退後，撥歸中央直接管訓。

至於社會救濟事業，規定每縣由公署一次撥給五千元，各成立恢復原有之救濟院及育幼院（廣東三年施政計畫時已設立），負責辦理各該縣救濟事宜。又在榆林成立熱帶病之治療及研究工作。在府城成立省轄之衛生病院，聘請美國教會在海口市服務醫院院長陳大業，充任公署衛生設計顧問，積極計畫衛生醫院，設計興建或補充及擴充計畫。均經分別擬訂詳細實施方案，開始實施。海口市政府之興建，尚係余將私人之黃金百餘兩，向銀行作按揭借貳萬餘元建成。海口市政之改良，每月均有長足之進步。惜以軍事局勢演變，奉命撤退，未能達成整個計畫耳。

二十、由瓊來臺

廣州於民國三十八年十月十三日淪陷後，綏靖公署主任余漢謀、廣東省政府主席薛岳，皆相繼到達海南，余竭誠相見，推心置腹，邀約此後共同患難，共同生死，共挽危局，曾再三表示：瓊州府城有五公祠之歷史，我們三人應矢志共患難、同生死，如必要時，矢志犧牲，不成功則成仁，而成為八公祠。當時，得余、薛允諾後，余即決心將軍權讓與薛岳。並派李揚敬携親筆函赴重慶，一致蔣總裁，一致閻錫山行政院長，完成公事手續。據李揚敬回報稱：總裁對余將軍權讓予薛岳以促進團結之表現，甚為嘉許。閻院長亦曾面云：「伯南先生真是可佩，時至今日，猶將軍權讓人，真是令人五體投地，敬佩不已。」至於余主任，則自行到臺灣行政院，完成公事手續，如此，廣東三領袖，能在海南團結支持大局者，無他、是余半生來在壯年時所持「忍讓為國」四字之座右銘，及五十歲時所持「胸猶萬谷存天地」「心似三光濟物人」兩座右銘之養成，而達成此人和之目的，亦是余自生來，不爭名利之先天稟賦有以致之也。

廣州淪陷，顧參謀總長祝同飛到海南後，余即建議調雲南三師余程萬軍，空運海南增防。顧氏猶豫不決。經過二十天後，余再提。並問：「汝有權調雲南兵到海南否？如無權？則請到臺灣請示總裁。」渠始云：「無權」余即促其赴臺，渠亦覺四川、雲南半壁均屬無望，始允赴臺請示總裁。嗣得總裁決定許可後，即擬由空運余程萬軍到海南，惟因時機已遲，開始運軍眷及憲兵一團到榆林，雲南飛機場即為匪所佔據，假使當日余程萬軍能依我願早日到達，海南則決不如是容易被攻陷也。又余以私人款項在香港購買各種兵器，因在菲律賓受阻；而在雲南兵工廠所購之輕機槍數百挺，只能裝運來一百挺，即宋子文答應助余之武器，結果亦是空言。另廣州綏靖公署自遷到海南後，即辦理結束。其參謀長梁世驥，因綏署結束即往香港，返港後即往廣州投共。因此，共匪得悉海南實際情形，急行進攻海南。上項諸因素，均是海南不能久守之原因也。

三十八年底，中央由重慶播遷來臺後。代總統李宗仁竟於時局萬分危急之秋卸責出國，致使中樞無人。當時，適廣州綏靖公署主任余漢謀，及廣東省主席薛岳均到海南。余即主張由余領銜聯電請蔣總統復職。電云：「臺北總裁蔣，密，黨國飄搖而中樞久懸無主，軍民惶恐萬分，鈞座身繫天下安危，蒼生望切，伏懇當機立斷，早復大位。領導反共抗俄之戰，爭取勝利。職等謹率粵海軍民，無限擁戴翹企之至。」至三十九年三月一日蔣總裁終允復職。

元首有人。且霧季已過，余即赴榆林，計畫建設榆林港。不意共匪偵知余赴榆林，即乘機進攻海口，旋為我軍聚殲，繳械數千。原來，匪於霧季時間，連月派匪軍襲我邊境，不下十數次之多。惟於四月某日林匪彪部萬餘人，由臨高登陸，與我軍作戰數日，敵我雙方損失頗重。余電臺灣中樞請援，均無以應。乃決心電請蔣總統，准許來臺面報一切。四月二十三日，蒙蔣總統復電批准。翌日，即偕空軍副總司令王叔銘同來臺灣，當晚八時蔣總統約晚餐。晚餐後，余即報告海南軍事緊急情形，並面請增陸軍一軍，以及飛機、兵艦等等。最後，得悉臺灣實防情形，無法增撥。余即主張派兵艦護送船隻到海南，接載所有員兵，迅速撤退來臺，徐圖復國，蒙蔣總統採納。翌晨決定後，即派海軍總司令桂永清，及海軍顧問柯克（Cooke）上將，與余一齊飛返海南，布置撤退。余臨行向總統辭行時，總統囑余曰：「伯南兄，汝千祈要來臺灣，我有任務給汝。」余不考慮即率直回答曰：「總統，濟棠革命的人生見解，在二十五年以前早已決定，時至今日，國事既如此，濟棠決不私往海外作偷生，苟活於人世。但濟棠此數月來，萬分辛苦，數月失眠，體重已減輕十餘磅，來臺後，賤軀必須休養。」云云。總統聞余言後，即微笑連聲「好」「好」！當即辭出，飛返海南。

原來，余繼室馮錫如，於十日前即奉蔣總統夫人電，來臺灣開反共抗俄婦女聯合會，並帶海南婦女二人同來開會。因既決定撤海南兵來臺，余決心囑繼室馮錫如不必返海南，只帶其同來兩位婦女同機返海南。接回員兵艦隻，原擬四月二十八日即到海南，不意竟有一部船隻延至五月二日始到，所以，因船遲到，損失多達二、三萬兵員，到臺兵員僅六萬餘人耳。

二十一、興學概述

余前離京（陪都）南下宣慰時，曾對一般老同志表示：「濟棠今日抗日目的既達，今後當注重社會文化事業」。因以前建設中山大學未達理想目的，故擬創辦珠海大學或德明大學。同時，建設熱帶病院，培養熱帶病人才，解決中國熱帶病症。

首將香港德明中學擴充為德明學院。一方面提高僑胞智識水準，一方面作為紀念總理，所以蔣余在廣州梅花村之房屋一部，撥辦德明中學。時教育部以香港及茂名均有德明紀念中學，不必再設，余謂：「紀念國父之建設，多多益善，不應予以限制」，後卒獲開辦。抗戰期間，廣州青年數百人，擬赴香港德明中學就學，余以彼等遠道求學，志殊堪嘉，為使彼等便利省費計，即在茂名設立德明中學，予以收容。於抗戰期間，南路各中學辦理成績，以該校為最優，於此足徵予對社會文化事業之重視，已不自今始。

籌辦珠海大學，暫以廣州市農林路杜益謙住宅為校舍，後選定北較場為校址，土地由余及幄奇、欽甫、翰屏、翼中、芳浦、麟書諸人捐贈，校舍已成兩大座，建築費已達二十餘萬港幣。該校教授極受尊重與優待，學生亦能守紀勤學，尊師重道。朱家驊部長蒞校視察，認為師資、設備與校風之優良，在全國私立大學中，實不可多得。

至於熱帶病院，亦於同期間在茂名建立，並預定增設熱帶病醫學院，以資配合，經撥惠州軍墾區田地，作為該院基金，並捐募得田租百餘石。院舍已建築完成，因設備未週，先與茂名衛生院合作，開始普通疾病治療工作。惜值大陸淪陷，未竟全功，深引為憾。憶余在渝時，曾與美國教會費神父商洽，合作建設熱帶病院事。費神父答允盡可能範圍內，供給藥物及醫療人才，只由我方供應食宿。我方亦可選送醫學人才，赴美受熱帶病理學深造教育，並可由教會資助一部分費用。當時，曾派馬元瑛以分界醫院院長名義赴美深造，惜不久費神父病逝，事遂未成。

在民國三十八年秋，廣州未淪陷前，余曾計畫將中山大學搬遷海南。曾令海南大學抽出一半校舍給中大，而中大亦曾派員視察及接洽。惜因故，未能實現，殊為可惜！余僅將自己創辦之珠海大學則依計畫搬到香港，廣州德明中學則搬遷至澳門，均能依照計畫實現。至今猶能保存此兩個文化機構，藉以作育海外青年，服務華僑社會，凡屬該二校畢業學生，多能勤謹將事，力爭上游，實踐「禮義廉恥」校訓，亦慰足也。

附錄一：香港脫險記

日寇在香港爆發戰爭時，余適在港，在未脫險前，有傳余已被捕者，有傳余已在廣州播音者，有傳余已在南京者，飛語流言，不一而足，海內外人士，疑信參半，及後知余確已脫險歸來，謠言頓息，惟能知當時經過實情者蓋鮮，知交過訪，輒殷殷垂詢，惟餘生性木訥寡言，此事又非短語所能盡述，故往往不願置答，即答亦不能詳盡，此殊有負友好拳拳關切之意也，茲略述梗概，以備必要時瀏覽焉。

民國三十年時余在渝長農林部，七月十九日（舊曆六月二十一日）忽接香港來電，乃中西醫生聯名拍發者，云內子莫漱英血中尿毒病，人事藥物俱已用盡，無法挽救，余閱電後，以妻病危子幼，非余返港一行，將無人能決策主理，遂決意向蔣總裁請假，二十一日適星期日，乃專函陳布雷先生，代我陳請，即日邀准假二十天，二十三日即乘飛機抵港，與各中西醫生會面，皆謂現時藥物，對血中尿毒症，尚未有所發明，今所希望者，只病人本身力量，足以抵抗而已，直至假期已滿，病狀仍無進步，復續假三十天，嗣後略有轉機，乃作回渝計，不料太平洋戰爭突發，八日晨七時，日機竟飛臨九龍啟德機場投彈，其聲隆然，余當時不信家人防空演習之說，即時乘車至醫院視內子，及至，則醫院已奉令限病人即日離院，移醫院交軍用矣。余乃以車載內子及長女佩馨歸東山台住宅（是時佩馨女適傷寒症癒後），復遣車至對海九龍接小兒等，而港政府已於此時下令，禁止九龍居民渡海來港，故兒等無法前來，江君茂森與其眷屬亦同被困九龍，江君乃代余照料兒子者，余急以電話請羅紳旭和來，約同見港督交涉，下午二時羅紳至，同車先至警司署，已得特別准許，故無須再見港督矣。四時九龍家人與茂森眷屬均連袂渡海而來，余心稍安，惟東山台住宅，既無妨空洞設備，又無糧儲蓄，難題孔多，未易解決也，旋得友人孫家哲君送來白米五大麻包，並附以臘肉鹹菜等，鄰居馮強家君有一防空洞，翌日得其允許，乃令小兒等先行入洞，三日後復於馮強家屋簷下張帆布帳幕，置行軍床於其下，為內子漱英下榻之所，余與江茂森君則席地而臥，敵機至始行入洞，至諸孩子在洞住者，日久在洞中，余感空氣不足，易於生病，故常出屋邊瞭望，敵砲彈落於何處，以便照料孩子離洞，規定短小時間，呼吸新鮮空氣，余戎馬半生，此種生活，本已為尋常見慣之事，但內子病未痊癒，諸看護又為軍事調用，李醫生雖介紹一看護，但該看護竟到一日則離去矣，子女均屬幼稚，忽逢此劇變，於吾心不無戚戚然矣，三日內李樹培醫生，每日尚到東山台住宅，與內子打針一次，在槍林彈雨中，李醫生猶能前來，令余感甚。

當時唯一上策，惟有能及早離港耳，八號午後，我已請陳籌碩同志用余名義代電蔣總裁懇派機前來，接余及家屬赴渝，十日荷復電照准，余喜可知矣，不意十一日九龍匪徒大肆劫掠，秩序紊亂，且聞來機已在南雄失事，十三日啟德機場又復失守，乘機赴渝之舉，乃告絕望，自時余益陷於艱苦之途矣。在此數日間，余與內子籌商再四，俱不能盡一善策，至十八日，敵已渡海登陸，在銅鑼灣作戰甚劇，余已知香港決難久守，內子亦以事急不忍以私情害公義，乃告余曰：「日寇欲得子以為傀儡者必甚於他人，子一生革命歷史，將何以自保，晚節將何以自全，其化裝私行毋稍需，需、事之賊也。」余早有此意，惟恐傷內子之心，故不忍言，今內子先我一言之，言以一婦人，能明大義若此，心極感佩，即將寄子託妻之重任，付託江茂森君，時適有何予珍女士來，乃化裝偕行，至跑馬地，覓得四邑商人鄒某，其時砲火連天，鄒云：「目前無辦法，汝可暫至嶺南學校俟停戰三天內，我去接汝。」何並云：「人少不能籌劃潛行，須配備二三十人乃可。」其言奇異，令人生疑，夫化裝私行者所以避耳目求機密耳，而集眾策劃，人龐言雜，適足可僨事，何其矛盾至此，余深恐其鹵莽敗吾事，遂復折回東山台住宅，覓友人沈以甘籌商善策，時鄧瑞人、張之英、黃居素等亦來會，鄧云：「我鹽公司有林紹榮其人者，機警可靠，可否請他帶汝出險耶？」余頷之，鄧即以電話告林君，謂玆介紹摯友到君處，有要事奉商，如見面時，請妥為照料云云，十九日午，余即化裝再下山，臨行時，召兒女云：「有人問我行踪，可言我於十二日乘飛機到重慶去矣。」對內子云：「餘生平行事，一本正義仁愛，昔日曆險已多，均能履險如夷，此行可決無危險，汝可安心，今後余暫改名為何養，此名是我革命時所用之名，是余幼時乳名也，惟汝病後體弱，復以眾子女相累，則誠苦汝矣，今後須以人為重，不必以財物為念也。」復囑江君茂森云：「汝須負責盡忠，為余照料家人。」時沈以甘君即遣一僕為余負行李而行，是時也，家憂國難，叢集藐躬，離妻別子，孑身孤竄，余腸幾寸寸斷矣，余未至林君處，先赴鳳飛台道正中學校，此校為黃君冠章所主辦，既至，砲火甚烈，冠章與余至一靠近坭牆較厚之室，認為比較安全也。校址與吾兄維周所避居之房子，距離甚近，乃往訪之，談時略進粥襟充飢，維見邀余暫時同居，余謂吾已決心離港矣。彼復詢余今後通信地址，余謂逃難人見機行事，實無定所，遂返校，時念白樂天詩句「田園寥落干戈後，骨肉流離道路中」。不禁黯然自傷矣。

是夕在校中，長兒樹坤到來作伴，共榻臥，與內子屆別後，除零用外，予我金錢數枚，以備萬一之需，媳婦樹坤妻與冠章太太將金錢為余藏縫鞋底，終宵勞碌，代余整裝，二十日晨到鳳輝台下十一號林君紹榮處，彼此不相識，彼問我何人來有何事，余答云我乃陳某，來請汝帶我內地去，彼云，此事關係重大，恐負不起責任，余聞言，知其不輕諾，已決其必不寡信矣，且觀其人厚重機智，信其可託也。乃以國家大義責之。彼甚為感動，遂意決，是夜彼預為策劃，終夜布置，二十一日早，囑余至雲咸街華僑中學暫住數日，俟停戰三天內彼來會面云，當取米約三十斤，並臘味鹼菜等，遣其堂表弟某甲隨余，又以五十元酧金搭某一公家汽車而往，抵校，即以電話至以甘，詢問余家人消息，彼云：「自十九日君離去後約二小時，東山台馮強家宅即中砲彈起火，燃燒甚烈，貴眷均在馮宅下防空洞，不能出，幾乎全葬烈燄中矣！幸得自衛隊救熄，現令夫人既攜長女佩馨，幼子得寧，乘馬醫生車赴中環伍梯雲夫人家，其餘子女均赴藍塘道孫家哲家去矣。」余驚慰交感之餘，乃回憶當九龍匪風最熾時，余本維持地方治安之心，撥出手槍兩枝，提倡組織東山台自衛隊，餘盡用木棒作武器，不料此次竟賴自衛隊之力，免家人於大難，余平素恆言：「救人即所以救己。」至此乃知益信而有徵矣。當救火時砲彈繼續而至，自衛隊不避危險，卒死傷數人，其勇敢誠足多者，余至今仍耿耿不能忘懷，恆思有以能報之一日也。二十二日至二十六日以自來水大鐵管被炸裂，飲水來源告絕，某甲雖赴山洞取水，然杯水不足以蘇涸鮒，有時取不到，無以為炊，幸行李中內子於余臨行時，置餅乾一罐，鮮橙數枚，得以稍解饑渴，二十五日香港已全告陷落，自此余遂置身於敵人勢力範圍之下矣，日人索余益急，危機四伏，隨時有被捕之虞，幸餘生平素養，每遇大事，均以鎮靜處之，故始終心思不亂，下午七時余以為電話必不通矣，始一試之，竟能與以甘逋話，深以為奇，以甘云，此處旁人不少，非汝同道，請不必多說話，蓋深恐洩漏也。

該華僑中學尚有學生十餘人居住；每於日夜間，或唱歌，或唱留聲機器，或打麻將，及其他賭博，置戰爭慘酷於腦後，余更感慨此殖民地之教育，誤我國家民族不少也。

二十七日下午五時，林君依約來會，認為居此多日，不宜再留，乃引余至中環與發祥號，此店是鄧瑞人之侄所開設者，林君每日必外出，夜必歸來與我作伴，余以多日臥無墊褥，腰部受寒劇痛，雖飲食亦不能起坐，林君欲為我聘醫生，余以港中醫生，著名者均為余所素識，故寧忍痛，不允許也，不意兩天後，林竟與我同病，余反轉促其覓醫，謂汝食藥效驗，我可照劑服矣，彼乃往覓著名中醫羅某就診，三服而痊，彼偽對羅云：「予有長兄約年五十與予同病，但平時胃弱，可依方服藥否。」羅云：「吾方至神，何不可耶。」余遂照服之，確然而癒，時腰痛雖止，然蜷伏蟄居，如坐針氈，自忖萬一遭捕，何以自處，自不能不預為之計，乃自語曰：「讀聖賢書，所為何事，孟子不云乎！生亦我所欲也，義亦我所欲也，二者不可得兼，則舍生而取義，今日余所處境遇，則其言不啻為余說法矣。」便即遣林君至以甘處取鴉片錢餘，預為成仁取義之具，偽之，預備肚痛時藉以自療，林君更為覓命書龜殼等，以備必要時可化裝為星相士，掩人耳目，三十一年元月三日以甘來云：「汪已派偽廣東民政廳長某到處尋訪，謂汪渴欲公出任軍事委員會委員長」，余始知日人廣張網羅之餘，偽組織者更甘為鷹犬矣，余心更添一層憂慮，四日更有前十餘年之友二人來訪，勸余暫行隱匿，勿作逃遁想，待必要時，可出面維持大局，意圖脫逃，實屬危險，並邀我住某人家中，謂可保無虞，余已喻其來意，即答曰：「革命者祇有走直線，不能走曲線，更不能作投機之想，余為三民主義信徒，豈能為個人利害計耶，」復出所藏鴉片示之，以表決心，彼等見余堅決，知不可奪志，乃曰：「吾等實無他意，不過以此時圖衝破羅網求兎脫，事實危險不能行，意欲保全吾公，留作中國政治一線生機，故來勸阻耳，見仁見智，不能強同，公既如是其堅而決，吾等亦復何言。」遂興辭而退，余於彼等行後，知興發祥更不能留，遂於五日遷至一賣白粥小店寄住，租一小房，訂明月給其一百元，與賣白粥及賣漿餅為活者作友約一星期，早晚在室內小房散步數千步，以免體弱，增加步行逃難之足力，與林君約，此後少來往，用避人耳目，自五日至九日無日不急圖渡海過九龍入粵，然日人無日不鎗殺渡海者，不敢行，林君認此路線過於危險，不若及早改變，於九日晚謂余曰：「汝如能耐苦者，可由西環坐小船赴大澳，總較渡九龍被日人鎗殺為佳。」余深以為然。余在興發祥號時，居住樓上，該號伙伴，多日出夜歸，至夜間，余恆詢其日中所見所聞之事，具知日寇在港，每日不是殘殺同胞，便是強姦婦女，若一一記之，誠恐罄竹難盡，茲略記一事，亦足以概其餘矣，有某賣米店，店外以長繩攔阻行人，而有證購米者方許入繩內待購，有一少婦，携一年約三齡之小孩，越繩而入，日兵見之，乃即捕之，褫其衣，婦以為日兵之所欲者，在取其衣耳，欲行又不許，復褫其裳，婦拒之，日兵親自強褫，致全身赤然露眾目，婦羞極而泣，孩亦大啼，且時嚴寒戰慄，抱孩遁入附近一店中，幸店主憐其遇，取舊衣裳與之，倭寇雖日日以中日親善欺人，但其所為，已令人痛恨入骨髓，永永不忘，行見其心勞日絀，慘受苦報之補也。

十日林君赴西環偵查，果無日兵在，吾意益決，十一日四時三十分鐘，即啟程，計至西環須步行十五里，沿途目擊持證購米者，踵趾相接，長數里，每人每日限購米六兩四錢，在淒風慘雨中，體弱者往往暈倒路側，亦有鵠立終日，空手而歸者，百年繁盛之香港，曾幾何時，竟成一鬼市地獄，余心酸楚萬狀，不禁慨然淚下矣，上午七時已抵西環，竟發現猙獰之日憲兵兩名，持鎗岸立，然誠出余意料之外，當時林不化裝，余隨之，儼然為一隨從，日兵先搜余身，見有興發祥名片一張，鴉片一盒，別無長物，認我為黑籍中人，另眼相看，揮手令去，再搜林君，取去港幣二十元，亦准通過，凡行人經過者，多數樂於納賄，以免留難，聞其日中收入，為數不菲也，余當時一若漏網之魚，倏然急與林君下舟而逃，余幸於此日行耳，次日，倭寇為搜索所欲捕得之人，即一律禁止出口，此誠不幸中之大幸也，船駛未遠，又遇倭寇小輪，被搜查，幸亦無事，至中途，忽遇一快艇，上載盜七人，圖截劫，船夫令吾等勿聲張，拉足帆㡌急駛，船去如箭，賊睹狀追之不及，亦不開鎗，惟望洋興嘆而已，下午二時抵大澳，香港鹽公司有辦事處於此，店中辦事三員，亦為林君所素識者，大澳本屬於香港之島嶼，已有日兵一連駐守，彼時余雖未能脫離虎口，然比之蟄伏香港時，心情已較安寧矣。

在大澳住鹽公司，市上海鮮充斥，余食指大動，日日入廚自事烹調，有人問林君曰：「此何人歟，」林以新來厨役對，余為安全計，亦樂於以厨役自居，是時與林君商決，循鹽公司運鹽路線入中山，惟靜待一星期始有船，當時海面不靖，約聯合三舟同行，林為人極精細，一切稍涉違禁物品，一概棄置不運，辦事人中有欲介紹某鄉人某附舟返里，乃順德人，在港曾充教授者，攜妻一，前亦執教鞭於某校，生一子僅十二天，林以舟小人多為辭，未允所請，余睹狀，心為惻然，對林云：「同是逃難同胞，抑何拒之之甚耶。」林云：「再加彼等，汝臥處亦將發生問題矣。」余謂：「此時豈是求安適時耶？」林不得已許之，十七日下午三時啟碇，倭寇檢查船來檢查，其兩船無女眷者，皆准許放行，檢查至船，見有婦人在，凝視良久，隨曰：「此姑娘殊不惡，」余船遂被扣留，並說明天始准放行，如不遵令，永不准汝等離大澳云云，林此時頗怪余，且謂產婦汙穢，招此災厄，為意中之事也，目睹兩舟聯翩行，吾舟獨留，余心亦為忐忑不安，林據理與日人力爭，謂留難實無理由，繼之旦人非理可喻，復謂婦人產子僅數日，留之無異獲石田，慎毋作耕耘想，日人熟思良久，始悟，卒許開船，此時比其他兩舟約遲六十分鐘矣，苟非產婦，雖有韓柳之筆，蘇張之舌，恐無濟於事矣，惟時值寒冬，西北風頗大，浪湧如山，船輕小無貨，危險屬甚，余在此一小時內，吐嘔數次，其苦不堪言狀，船剛出口，東南風大作，嚴冬遇此，可謂奇事，於十七日下午四時張帆行，夜半十二時已抵中山縣民眾埠，昔日李青蓮「朝辭白帝彩雲間，千里江陵一日還」。想亦不過如是耳，是誠一快事也。民眾為偽組織地區，因須覓人帶路，故逗留四天，旋查知自大澳約同連駛之兩船，已遭賊劫，無一到達，余以一念之善，竟免於大禍，豈冥冥中，固有主宰耶，二十一日乘小船經順德大良，是夜宿舟中，翌日繼向新會猪頭山進發，猪頭山乃為偽軍所在地，由猪頭山至自由區塘下，須經一頗為廣濶之江灣，往往遇日艦，是亦危險境界也，船家與偽組織通，恆有暗示，凡見嶺頂旗竿上披簑衣者，則知無敵艦，否則有矣，時袁帶已知余經此途，早派人前來暗訪，林君以消息已洩，知之者，則不止袁帶一人，若更遷延時間，則險象有不可思議者，故不暇計日艦之有無即冒險速渡，渡至半海，已發現日艦，距離約六七千密突，吾舟五撐齊發，如端午競渡者然，吾意即使日艦追捕，未必能及，即發施追擊，亦未必能中也。正在危急逃避中，適有一小火輪通過，為日輪截搜，余舟乃得安然達彼岸，乃另僱一小艇赴塘下，塘下為自由區，至此，乃可謂得安然脫離虎穴矣，香港鹽公司亦有辦事處駐此，店中人為林君洗塵，並約該處士紳數人，約余與陪，席間談及時事，有某人謂陳濟棠已入廣州播音，並有說已到南京播音者，余云據余所知，陳濟棠確已到渝，彼等聞之皆大喜，余詢以謠言實事，始知余在港備嘗艱苦九死一生之日，正鄭人相驚伯有流言四布之時，先烈瞿式耜有句云：「九死自甘遑惜苦，千秋公論亦隨緣。」一不啻為余詠矣。余自塘下經鶴山高明白土，搭肇梧輪渡赴梧州，登輪渡後，向船中經理租賃臥室，已得允許，惟適值飯時須稍候，林君紹棠乃導余入經理臥室，請稍坐以俟，以余衣服襤褸經理已現不怡色，故彼於飯時，劇飲暢談，一若已忘其事者，余久坐不能耐，但亦無可如何也，飯畢，船經理至，林乃急詢之曰：「承允臥室如何？」彼漫應之曰：「無房」林曰：「汝公司總經理，皆為予所識，請勿見拒之甚也。」彼憤然曰：「汝識他不識我，何用？」林曰：「無論識與不識，經商目的，在求財而已，要錢多少，我可與你。」彼厲聲應之曰：「有錢不行，萬金亦不行，汝奈我何，極其所至，不開船而已。」余至此，已如箭在弦上，不能再忍，乃詢船中伙伴曰：「船上有無軍政人在。」伙伴答曰：「有陳公俠軍長在。」余曰：「汝即往說陳濟棠請他。」該經理聞言，面色驟大變，前倨後恭之態，判若兩人，連連急呼開房不已。陳軍長至，睹狀大驚，以為有不測之變，急足返，令其駁壳隊前來保護，知其誤會，余乃述其所以，並云：「余前在粵時，待商人如此厚，今也余為難民，其待我如是虐，尚得謂有人心耶，現余以中央委員之資格，處彼以虐待難民之罪如何。」公俠曰：「應如何懲戒，請以見示。」余曰：「罰彼金五百元，且用彼之名義捐助肇慶醫院，以作善舉，否則須禁監一月，二者任其擇一可也。」經理在旁聞之，喜出望外，連呼曰：「吾願罰金。」

經德慶時，始敢不隱真姓名，舟中晤陳軍長公俠，請其携電稿託鄧總司令龍光拍發，將脫險經過呈報蔣總裁，及告知余長官、李主席。

但在歷險時，凡所身歷俱極艱苦，以致百病叢生，沙眼、咳嗽、香港腳、皮膚病、且胃病復發，應有盡有，幸在港避難時，無論匿居何所，每日上下午必繞室步行數千步，故跋涉尚能支持，因是決心取道岑溪羅定信宜暫到茂名休養，一面探聽內子等消息，至儲良坡內兄冠儒家，數日即接樹坤兒婦携扶繼祖母及諸孫抵廣州灣之信，當即指示伊返防城鄉居，歷時十日度，即接江茂森君自河源來電，知內子漱英，已率子女至河源，乃在茂名候之，伊等經老隆韶關桂林柳州，沿途得故友照料，經時一月，始抵儲良坡，余郊迎之時，見伊等携扶而來，斯時也，余涕淚沾襟，歡情若狂，所謂悲喜交集，心頭上不知其為酸為甜為苦為辣矣！旋成律詩一首云：「亞洲遍地舉烽煙，倭寇鯨吞勢燄天，親愛家人棲異地，流離群眾哭連年，香島別妻傷肺腑，鑑江聚首話團圓，幸叨祖澤源流遠，夫婦同徵錫福全。」入室之後，互道所經艱阻，始知內子寄伍梯雲夫人家時，宅邊為飛機炸彈所中，牆向外坍，幸免於難，後各自奔走，乏人照料，乃力疾徒步走堅道胡展堂夫人家，由阿梅使妹扶行，佩馨女及幼子得寧隨之，暫在胡宅避難，數日後，復遭日兵搜索，乃遁入厨房破柴，偽作女僕，得免日兵騷擾，其餘孩子在孫君家哲處，蒙其視如子侄，照料極為週全，惟日兵仍探搜不已，歷時約二十餘日，且以不得余行踪消息，知不可在港久留，決心率子女離港，由何予珍雇保鏢數人偕行，雇船直駛沙魚湧，循車江入內地，於黑夜舟中，又遭賊洗劫一空，保鏢一人死之，可謂迍邅極矣，携幼沿途乞食三日，夜宿禾稻中，幸有保鏢陳某尚有良心，盡其所得貳千元給之，勉強繼續成行，行五日始抵河源，得余舊日袍澤救濟，始能返抵茂名，內子久病體弱，其苦楚之狀有甚於余，復遭匪劫，多增一次之虛驚，其艱苦更可想見，憶余在東山台與內子臨別贈言囑以人為重，不必以財物為念，不料竟成讖語矣！余在興發祥號時，判斷澳門過一二月後，必有船開行廣州灣，曾書一片及各項注意點，托一友人交江茂森君云：「內子等將來應循澳門廣州灣入自由區，」並囑某一友人早日代送諸孩子到澳門候船，而內子病後稍休養一二月，俟澳灣船便，即送返茂名，不意此託以友不忠實，均未到達，致內子等增加一次浩劫，亦一憾事也，然世界人類，遭此空前浩劫，死亡者枕藉，余家人口，竟獲安全，此非上蒼所佑，祖德所賜，曷克臻此，余豈敢復作他想，以困苦自憂耶！余經世五十年，至感得安樂富貴之友雖千百，共難患之友一二難能，如江森茂君孫君家哲輩，庶可稱在港患難之中，為余忠義友矣。余且感想當日非余返港，內子之生命，必於病在嚴重時，為雜亂之主張所誤，非余在港，則諸孩予必不能過港避於馮強住宅之防空洞也，非內子素明大義，能賢相於余，則余亦無此次脫險也，非內予之心靈，於其久病餘生，艱苦處理瑣務，則港變之損失，更有如水洗也。故略述梗要於此，以存真相焉。本記成於歌樂山齋。惟沿途感念殊多，故附教言以結之；「歌山高聳接雲霄，齋舍書聲似不遙，戎馬二十年增感慨，三年施政付東潮。」

余在港時經托友人相機送家人至澳門，俟得間轉赴廣州灣返鄉，當時若能照余定計畫而行，家人自可減少磨折，豈不甚善，然天下事，不如意者十常八九，因內子念夫情切，以余離港後，久無消息，焦急不可言狀，竟出厚資自雇保鏢，買舟率幼小男直駛沙魚湧，未抵岸時於黑夜遇海盜洗劫，財帛衣物被蓋為之一空，內子病後之身，所遭若此，亦云苦矣，幸嚴冬不太寒，沿途乞薯充飢，夜則覓稻草取暖，冀免飢寒，最稚子女，以足弱不能行，乃取筐籮盛之直趨河源，時有保鏢陳人者，其人頗俠義，憫家人所遇，以其身所有國幣貳千元盡贈內子，且囑稍待，俾其返家再籌，是亦可謂善心人矣。惟內子以其家曾作綠林客，恐其存心叵測，深致疑慮，乃不待之而行，又中途有偽組織某漢奸某，見余小兒女慧秀可愛，欲買之，內子乃婉辭拒絕，彼認為不中抬舉，憶唐代胡人安祿山破長安時，貴人公子，流離失所，杜工部睹狀，心極不忍，乃作哀王孫詩以哀之，其中有句云：「腰下寶玦青珊瑚，可憐王孫泣路隅，問之不肯道姓名，但道苦困乞為奴。」其境遇與今日比照，誠無所分別，所可分者，彼腰間尚有寶玦珊瑚，猶搖尾乞憐求為人奴，此則無衣無食，猶不肯為人收買，可知古今人氣節與民族精神，大相逕庭，推其原因，實由國父數十年革命奮鬥，所予民國者，其偉大誠不可思議矣。至河源已是自由區，及抵龍川，昔日相知綈袍之贈，盤食之賜，紛至沓來，至可感也。至是，可謂已免於飢寒之厄矣。所最奇者，未抵龍川前，天氣奇暖，嚴冬遇此，亦云妙矣，至此忽復大寒，否則恐早為路旁凍骨矣！謂非祖德綿長，天公有意於其間，其又得耶！內子到河源時，已得余安抵茂名消息，即沿途不稍留，直經韶關桂林柳州返鄉與余會面。

（原載：民國五十八年三月一日出版之「傳記文學」第十四卷第三期）

附錄二：「南天王」陳濟棠外傳

汪希文

在民國二十五年以前，先後稱雄於南粵者，有所謂「三濟」——即龍濟光、李濟深和陳濟棠是也。陳氏由民十八起，繼李濟深之後，為第八路總指揮，越三年，改稱第一集團軍總司令，迄民二十五年下野，據粵凡八年，時間之長久，為龍、李二人所不及，其治粵之成績，亦遠在龍、李二人之上。本文特將陳氏其人其事，詳述如下。——編者

防城人才中之特出者

筆者由民十六至民二十五，均在南京財政部服務，中間僅於民二十夏秋間，回粵半年，與陳氏相見之時間甚短，故於陳氏一生事蹟，僅知其犖犖大者。至其細節則不甚詳。前曾函囑其哲嗣陳樹桓世兄供給材料，僅收到寄來《榮哀錄》一冊，只得以此為藍本，參以平日所見所聞，簡略敘述於左：

陳濟棠，字伯南，粵之防城縣人，隸欽廉道所屬。高、雷、欽、廉四州，在粵之南路，俗語稱為下四府，邊遠之地，出產人才不會太多，但不產生則已，偶然產生，則往往是出類拔萃之人物。

陳氏世業農，父金益，母鄧氏，累世皆以積德著稱。伯南六歲開始在鄉塾讀書，每日必能完其課，品性異於常兒，出入有定時，行坐有常度，為塾師所嘉許。八歲丁母憂，即能哀毀如成人，日暮席地而坐，暗中垂淚，鄰人輒撫慰之，哀思不稍減。十歲時，父疾作，伯南潛住鄉廟，焚香叩拜，禱祝其父早日痊癒，足徵其敬信神只，自幼有由來矣。且賦性忠厚，能耐勞苦，田間遇有艱巨工作，輒親身致力，不以諉諸他人，故閭家老幼，均友愛之。十六歲應考鄉課，榜列第三名，耆宿交相引重。逾年，清廷降旨廢科舉，府縣試皆停，讀書人應試出仕之路遂絕。科舉既廢，改辦學堂，作育人材，伯南十八歲由防城赴廣州，考入黃埔陸軍小學堂，旋入陸軍速成學堂，皆畢其業，為其師鄧鏗將軍所賞識。鄧將軍是老同盟會員，奉國父命，與先烈朱執信由日本潛回廣東，為地下革命工作，隨時延攬豪傑之士，參加革命，由鄧將軍介紹伯南加入中國同盟會，時年僅弱冠，約在宣統初年，因尚年輕，未有負荷重大使命。

「蓮塘」一役大創桂軍

民四，袁世凱謀稱帝，國父指派朱執信為廣東革命軍司令長官，鄧鏗為副司令長官，分別在港澳設立機關部，謀起兵討袁。朱執信與肇陽羅鎮守使兼師長李耀漢頗有連絡，李氏所部炮兵團長古日光，駐守陽江縣。鄧鏗將軍命伯南往陽江，投入古日光部下，初任連長，屢次奉派以清鄉剿匪工作，均能完成其使命。李耀漢錄其功，翌年，肇軍擴編三營，名為游擊營，以伯南升任營長。與之同為營長者是陳銘樞。

伯南早歲在原籍未出廣州之前，原娶有髮妻，留在鄉間佐理農事，隻身到廣州入軍校，後來在陽江當連長，邂逅莫秀英女士，術者稱其有貴相，當為一品夫人，能旺夫益子。伯南一見大悅，娶為平妻，同居後不久，伯南即由連長升為營長，時年未滿三十歲。

民九，陳炯明奉國父命，由樟州統率粵軍回粵，驅逐舊桂系。舊桂系軍閥莫榮新，排除異己，使用陰謀排擠省長李耀漢。李氏所部旅長翟汪，接受舊桂系的分化，壓迫李耀漢下野。至是，李耀漢復起而響應粵軍，召集舊部，在西江之南岸起義，與魏邦平、李福林兩軍聯成一氣，伯南及陳銘樞兩營，仍接受李耀漢之指揮。

粵軍前鋒已抵穗，督軍莫榮新，省長楊永泰皆遁。桂軍由穗市倉皇開找回桂，因江防艦隊在魏邦平手上，水路無法通行，桂軍凡二萬餘人，分為數隊，每隊數千人，徒步經廣三鐵路，由西江之北岸逃走。

陳炯明抵穗，因粵軍全部由樟州出發，至是瞬經兩閱月，中間經過許多戰鬥，此時不無疲弊，將領及士兵，均須稍為休息，陳炯明特命魏邦平會同李耀漢所部，擔任追擊桂軍之責。

伯南及陳銘樞兩營，原駐西江之南岸，由魏邦平撥艦隊掩護，在西江之北岸登陸，並在蓮塘腰擊桂軍。桂軍人數雖多，因是徒步而走，已枵腹數日，無法抵抗，只得放棄輜重狂奔，伯南及陳銘樞均獲勝仗，收繳軍械不少，可惜眾寡懸殊，未有窮追。

後來筆者晤見李耀漢，謂可惜陳炯明不肯續派大隊粵軍援助，否則蓮塘一役，必能將桂軍全部解決，使其片甲不留，可以省去民國十年大兵援桂一幕戰事云。

一個最有前途的師長

粵局安定之後，此時先烈朱執信先生已在虎門殉國。李耀漢失去在國民黨之靠山，陳炯明與之素無淵源，李耀漢從此歸隱，不再出山，聽從粵軍總部收編其部隊。

粵軍總司令部參謀長兼第一師師長鄧鏗將軍，原是伯南之老師，以伯南在西江蓮塘腰擊桂軍有功，亦器重其才，遂邀伯南在第一師司令部佐理營務。嗣又委以練兵之責，且夕訓練，其所造就，多干城之選。伯南當初之投入李耀漢部下，原是鄧鏗將車之所派遣，至是遂復返歸鄧將軍之麾下。

民十，粵軍大舉援桂，伯南復任營長，駐兵陽山城北，桂軍曾以偏師來犯，伯南擊走之。

民十一，陳炯明叛變，伯南堅不從逆，率部移防西江。古應芬奉國父命，在香港暗設機關，策動各路軍隊討逆，古應芬與伯南發生密切關係自此始。是年冬，滇桂聯軍由桂東下討陳炯明，伯南在封川江口豆腐坑起義，移兵梧州，隨同滇桂軍沿西江東下，進至三水馬口。

滇桂軍到廣州後，由桂軍統帥沈鴻英召開江防會議，非法扣留粵軍師長魏邦平，鬧出很大的風波，歷史上稱為「江防會議之變」。省長胡漢民離穗赴港，瀕行，特派古應芬為江門行營主任，命其收集粵系各路軍隊，佈防於四邑一帶。伯南率兵來會，古應芬拔升伯南為團長，不久，再升旅長，那時第一師長是李濟深。由古應芬一手提找出來的將官，第一位是李濟深，第二位便是陳伯南。民十四，大本營改組為國民政府，汪精衛為國府主席，兼軍委會主席，拔升伯南為國民革命軍第十一師師長，仍隸屬於第四軍軍長李濟深之下。伯南常到軍委會晉見汪精衛，汪氏屢稱伯南之忠實勤能，譽不絕口，認為師長中之最有前途者。

國府成立後，南路尚有陳炯明之餘孽鄧本殷殘部存在，亟待肅清。軍委會命粵軍陳銘樞會同桂軍俞作柏，分東西兩路，肅清高、雷、欽、廉四屬之逆軍，而命伯南率部討伐據守瓊、崖兩屬之逆，伯南於短期內討平之，全粵底定，伯南與有功焉。

升第四軍長駐節肇慶

民十五，今總統蔣先生，就任國民革命軍總司令，統率各軍大舉北伐，以第四軍軍長李濟深留守廣東，伯南及徐景唐兩師，均留粵鎮攝。其時南路之茂名、徐聞、陽江、陽春等屬，均有匪患，伯南奉命前往清剿，先後創平之，保衛革命後方基地，著有勞績。

此時蔣總司令帥師北伐，李濟深在粵稱雄，他正在暗中組織新桂系，與廣西之黃紹竑暗通聲氣，打成一片，妬忌伯南不是廣西人，有意將伯南排擠。於民十五之冬，其時國民政府尚在聯俄容共期間，未曾舉行清黨，李濟深呈請國府派伯南往蘇俄考察，以為調離之計。伯南只得奉命前往，歷時凡八閱月，凡所目睹，深感所謂平等互惠、互助合作等，皆屬欺騙說話，蓋其凡百設施，無一不是具有陰險狡詐之毒計，正擬歸國後將俄共之野心，條陳於當局，但返抵國門時，寧粵早已實行清黨矣。

在廣東執行清黨之工作，是由黨部指派古應芬督同李濟深辦理的，伯南既已回國，古應芬即命伯南復任師長原職，伯南所部各旅長團長，亦一致表示擁戴，李濟深無法擋駕，伯南乃復領師干如故。

民十六秋間，武漢政府亦舉行分共，寧漢合作，共酋葉挺、賀龍在南昌叛變，南竄擾粵，企圖據粵為地盤。中央各路軍隊馳往截擊，均不順利，勢頗危急。伯南奉命率師倍道疾趨，遇敵於惠州豐順境，相持不能下，軍士死傷枕藉，共軍死傷亦相當，伯南傳令更番夜攻，再接再厲，且謂不克敵不收隊矣。共軍遂潰退，降者數千，餘眾奔散，是役轉危為安，皆伯南與各將士苦戰之功。

是時李濟深已升為第八路總指揮，兼廣東省政府主席，伯南以屢建戰功，升第四軍軍長兼廣東西區綏靖委員，駐節肇慶，此職有節制全區軍民兩政之權，伯南日夕籌謀興革，至忘寢食，欲以該區為實現三民主義之示範，乃先推行地方自治，學凡開闢公路、設學校、修水利、釐戶籍，一一具舉，期年而成效大著，粵之西區稱治，時在民十七，廣東整年甚安謐，國府則北定中原，全國統一。

對古應芬氏愛莫能助

話說回頭，民十一，古應芬做大元帥江門行營主任之時，收集粵系各路軍隊於四邑，李濟深雖是廣西人，但他所統帶的都是廣東兵，李氏原是鄧鏗將軍的參謀長，所以古應芬之於李濟深，特別予以提攜，除李氏之外，古應芬特別看得起伯南，時時與伯南有密切的連絡，伯南對於古應芬之另眼相看，亦有感激知遇之感。

李濟深本來更加受知於古氏，由古氏一手提拔他出來，乃李濟深偏偏要忘恩負義，於民十六秋冬間，將古應芬排擠離粵，以達其新桂系在兩廣清一色的計劃。此時伯南甚不直李濟深之所為，但他駐防西江，兵力有限，東望廣州，是李濟深的主力；西望廣西，是黃紹竑的地盤。伯南介乎兩大之間，對於古氏之被排擠，惟有心裡抱不平，而愛莫能助，只有暗中派遣代表到香港，謁見古氏，表明心曲，謂他日如有機會，再當聽候驅策等語。古應芬則囑其盡忠職守，積極訓練所部，使成勁旅，以待後命。古應芬旋隨同胡漢民、孫科等往歐美遊歷，半年乃歸。

民十八，國民黨以全國已統一，遵國父遺教，計劃建設三民主義的國家，提前成立五院，開始訓政，推今總統蔣先生為國民政府主席，古應芬為國府文官長，譚延闓為行政院長，胡漢民為立法院長，積極勵精圖治，全國人民，以為內戰已結束，一致喁喁望治。

繼任第八路軍總指揮

新桂系對於中央政府之不忠實，起於民十六，寧漢分裂後，李宗仁籲請蔣總司令下野，此時開始見於行動，惟可解釋為促成寧漢之合作，出於不得已之舉，猶可恕也。民十八，全國統一，開始訓政了，要知參加國民革命，是為求中國之自由平等，以期國家之富強，而絕不應為一派一系擴張勢力著想。民十八年春間，新桂系用武漢政治分會的名義，下令免去湖南省政府主席魯滌平之職，派夏威統率桂軍入湘。魯滌平是行政院長譚延闓之嫡系人物，譚延闓豈有罷休之理。國府文官長古應芬上年被李濟深排擠離粵，挾恨在心，總要等待機會報復的。南京中央政府諸巨頭，此時一致討厭新桂系，恐防尾大不掉，勢將不可收拾。換言之，此時之新桂系與南京政府，是對立的，一方面要擴張地盤，一方面要鞏固中央權力，形成針鋒相對之象，內戰是無可避免的了。李宗仁在武漢動員，南京政府亦準備西征，正在劍拔弩張之際，大約李濟深認為桂系力量尚未到成熟時期，不欲輕舉妄動，由粵赴滬，轉入南京，意欲調停，和緩局面。不知古應芬早經策動廣東的軍長陳濟棠擁護中央，待李濟深到了南京，被扣於湯山，國府立即下令，特任伯南繼任第八路總指揮。那時李濟深之參謀長鄧世增，尚欲調兵阻撓，幸伯南於事前，已預先佈置妥善，鄧世增終於無能有所作為了。

事定後，南京國府任命俞作柏為廣西省政府主席，俞氏因離開部隊有年，實力有限，在桂任事僅數月，因李宗仁、黃紹竑等，在廣西仍有潛在的勢力，陸續集中起來，軍威復振，仍稱第四集團軍，俞作柏站不穩，被迫離桂，廣西仍入新桂系之手。

張、桂聯軍大舉圖粵

張發奎將軍於民十六之冬，統兵離粵北上，駐兵於湖北之沙市，兩年以來，絕無機會發展，未能與中央政府合作，又率兵南下，經過湘省而入桂。

新桂系本來與張氏有宿怨的，此時利害與共，互釋前嫌，相與合作，民十九之春，張桂聯軍大舉入粵，經懷集、廣寧，渡過北江，勢如破竹，進至粵漢鐵路之白泥站。此時廣州風聲鶴唳，一夕數驚，伯南以為廣州未必能守，立即疏散一切，登上兵艦，準備撤退，幸南京政府趕派朱紹良等，星夜率眾南下來援，張桂聯軍因勞師遠襲，彈藥不繼，忽遇生力軍之抵抗，遂退回廣西，廣州轉危為安。

張桂兩軍，即國民革命軍之四、七兩軍，身經百戰，素有「鐵軍」、「鋼軍」之稱，所向無敵的。此次謀定後動，來粵志在必得，乃竟不能取勝，時人每稱怕南為福將，曾國藩謂：「不信書，信運氣。」誠閱歷有得之言。

廣東治安稍為安定之後，伯南赴南京述職，先往謁見其知己恩人古應芬。那時筆者適住在古氏家中，忝陪末座，伯南除報告廣東大概情形之外，最後表示因有廣西的強鄰壓境，粵省兵力單薄，不敷分配，欲乞古應芬為之請求於中樞，准其擴編陸軍兩個師。古氏唯唯答允。旋離座往廁所小解，筆者對伯南曰：「閣下欲增編兩師人，此事若由閣下親自向中樞當局面求，或者可望邀准，若請古先生代達，恐難如願。」伯南曰：「何以見得呢？」筆者以古先生快要出來，恐防不便盡言，乃答曰：「一言難盡，公如不信，請姑且試之。」伯南曰：「頃已面求古先生，古先生亦已答允代達，似不便又收回。」語畢，古先生已再出來坐談，筆者恐他倆有密話要談，避席而去，他兩再談什麼，不得而知了。

再過兩天，伯南晉見最高當局，除報告廣東狀況外，聽候訓示。中樞認為廣東兵力單薄，不敷分配，確屬實情，只允調派中央軍兩師駐粵協助，所請增編兩個師，則從後議。伯南以所求未遂，乃南歸。

粵、桂兩軍相持難下

政客與軍閥，每以利害關係，忽離忽合，此是司空見慣之事，不足為異。民十九，國民黨改組派之汪精衛，曾與馮玉祥、閻錫山及西山會議派各人，在北平召開「擴大會議」，反抗中央，不旋踵便失敗瓦解，汪精衛南歸香港，新桂系此時偪促於廣西一隅，雖有張發奎一枝軍協助，仍感勢孤，亟需與北方之馮、閻，互相呼應，以張聲勢。汪精衛成為最好的橋樑，新桂系此時乃與汪精衛互棄前嫌，相與合作，張桂軍在廣西，竟以擁汪護黨救國為號召，與南京政府對立。

中央以新桂系日久抗命，民十九秋間，命伯南由粵出兵攻桂，加派中央軍協助，伯南遵令率兵西征，配合海空軍進發，一舉而下梧州，進至潯州，廣西山多而平原少，易守而難攻，且新桂系之軍隊，訓練有素，身經百戰，不比舊桂系陸榮廷之軍隊，粵軍進至潯州後，戰事遂膠著，成拉鋸式，難分勝負，相持不下者半年有多。

由民十九之秋，至民二十之春，粵桂兩軍在廣西境內相持，互有勝負，不在話下。民二十春，立法院長胡漢民下野，休息於湯山，古應芬事前返粵，他要聲援胡氏，發出四監委彈劾中樞之通電，旋又召開國民黨中央執監委非常會議，迎汪精衛回粵，另組國民政府，命伯南將入桂之師返旆，因那時的廣西是擁汪的。於是，兩廣復言歸於好，時局至此，大為變幻，是年秋，九一八瀋陽變作，天下從此多事矣！

胡漢氏隱然太上首腦

四全大會閉幕後，民二十一元旦，即依照決議案，撤銷在粵之非常國府，改組為西南政務委員會，國民黨非常會議改為西南執行部，推唐紹儀、陳濟棠、李宗仁、鄧澤如、鄒魯、陳融等為西南政委會委員。陳濟棠仍稱第一集團軍總司令，不隸屬於南京政府，國府命令不能行於粵。

獨汪精衛、孫科、李文範三人離粵赴南京，共赴國難。依廣東四全大會之決議案，推年高德劭之林森為國府主席，推胡漢民為中央常務委員會主席，汪精衛為中央政治會議主席，蔣先生則兼任中常會及中政會之副主席。民二十一，南京中樞之陣容如此。

孫科曾一任過渡的行政院長，僅二十八天，值上海一二八戰事而離職，由汪精衛繼任。

胡漢民於上海和會結束後，曾返粵一行，旋在香港作寓公，高臥於妙高台，西南執行部及政委會兩機構，胡氏未有掛名，而隱然為太上首腦，仍遙領南京之中常會主席虛銜。

此時古應芬已病卒，在西南政委會主持政務者，為鄧澤如、蕭佛成、陳融等，均胡漢民之嫡系信徒。

胡先生以前與伯南未有機會直接共事，合作路線完全由古應芬而來。古先生倘若不死，則如身之使臂、臂之使指，可望呼應較靈，或可收較好的成果。古先生作了古，在胡先生一方面，甚為吃虧，胡、陳之間，不免有多少隔閡，有時胡之主張，伯南未必能奉行，縱或不是陽奉陰違，亦每每陽奉而陰不奉了。

汪、胡會晤不歡而散

文人與武人，必定是互相利用，方能合流。胡漢民得伯南之撐腰，乃能組織西南兩個機構；伯南則借重胡氏在黨的威風，方能成其為「南天王」，可以不受南京政府的節制。伯南當初為第八路總指揮之時，欲擴編兩師軍隊，南京中樞不予批准，伯南便一籌莫展。後來稱第一集團軍總司令，一切可以自作自為，除擴編三個軍，由李揚敬、香翰屏、余漢謀分任軍長之外，不久，再擴編兩個師，任用張載奎將軍的部將李漢魂、鄧龍光為師長，陣容可稱一時之盛。

民二十二，汪精衛曾因病出國治療，痊癒後回國，道經香港，命其甥沈次高往訪胡漢民，約期把晤，交換對國事的意見。沈次高奔走多次，方達成任務，汪勸胡返南京，精誠團結，共赴國難。胡則勸汪辭行政院長職，到西南歸隊，其理由謂南京當局未必能接納汪的政治主張，徒勞於事無濟。汪則謂足下在南方，陳濟棠、李宗仁兩人，又豈是完全接受足下之指揮調遣？南人意見相左，話不投機，語語針鋒相對，結果是不歡而散。此為汪、胡最後一次的會晤，嗣後不復再相見了。

胡漢民有〈讀王廣陵集〉的詩四十首，多數是為汪精衛而詠的，附錄六首於此，可作「詩史」讀也。詩云：

（其一）

風誼真兼師與友，歸歟吾黨矢相隨。

人間妙質終難得，朝暮何堪一馬馳。

（按：沈次高乳名馬仔，當時任跑腿。）

（其二）

近所不同遠勞夢，夢中高議飲如醇。

金陵有憾終難釋，憶否相從作楲輪。

（按：金陵有憾，指幽居湯山事。）

（其三）

字如鐵索急蛟螭，何意東坡有是非。
不分少陵抒公論，一生受病在環肥。
（按：汪氏性本淡泊，謂其為癡肥熱中之妻所誤。）

（其四）

今人抱膝忌長歎，來軫難遮且應關。
去即不思思在遠，更愁齟齬百年間。

（其五）

亦知昏鏡損人顏，收鏡除塵卻未閒。
客子攜來只相視，廣交容易慎交難。

（其七）

故人喜仕恨奚如，胸腹平生未可輸。

肯信出門無直道，嵇康慵作絕交書。

（按：譏汪要做官，不願辭行政院長職，末句則幾乎明白表示要絕交了。）

胡氏〈讀王廣陵詩集〉原詩三十首，又續作十首，前後四十首，上面所選數首，可說是代表作。國民黨過去的歷史，汪、胡之分道揚鑣，是一件重要的史實，讀胡詩可知其概。

廣東出現「小康局面」

民二十一年以後，西南形同割據，南京中樞聽任自然，不予理會。中樞的決策，先以全力在江西剿共，因剿共的大前提，無論中樞與西南，均是一致的。南京國府特任伯南為江西剿匪南路總司令，電粵出兵會勦。那時共軍方以瑞金為巢穴，有眾五六萬人，因不堪中央軍之壓力，忽然傾巢撲犯粵之南雄，來勢甚兇。伯南率兵迎頭痛擊，俱中要害，繼以空軍助戰，戰果至為美滿，殲滅共軍幾及萬人。伯南經過此役，未嘗不惻然哀百姓之無辜，受共黨利用，鋌而走險也。伯南本來的主張，謂宜用經濟剿共，及政治剿洪，雙管齊下方法，而不主張全用武力。首先以澄清吏治、安定民生，為先務之急。其憂甚深，其慮甚遠。

民二十二，伯南兼任西南政務委員會常務委員，綜管軍、民兩政，凡所建樹，務崇遠大，苟利地方，始終以之。於是，在粵倡辦之事，若地方自治，成立全省各級民意機構、保甲組織、合作事業等，皆由伯南一手擘劃。又創設製糖廠、士敏土廠、硫硝廠、玻璃廠、肥田料廠、造紙廠、梳打廠、酒精廠、兵工廠、棉毛絲蔴織造廠等，工業一時稱盛，容納許多無業遊民，解決其生計。此外建設事業，如建築中山大學校舍、中山紀念堂、粵秀山上之中山紀念碑、廣州市政府合署、勞工宿舍、育嬰院、海珠鐵橋等，此其犖犖大者，其他如開闢黃埔商埠，在韶州創設飛機製造廠、黃埔船廠等，均在伯南倡導之五年施政計劃中。至於廣築全省公路，使能四通八達，交通便利，尤其餘事。

大抵凡所興革，均根據國父所訂《建國方略》與《大綱》，次第實施。由民二十一至民二十五之夏，廣東休養生息，童耆婦女，含鼓嬉遊，晏安寧謐，駸駸乎趨於郅治之途，可稱小康，為民國成立以來所罕見。

陳樹人之子駕車賈禍

伯南幼年嘗讀線裝書，國學根柢雖不甚深，而憤當時巧言亂政之徒，縱恣蔑古，甚於焚書坑儒，戚然憂之。先君子憬吾公聯同廣東耆紳吳道鎔、陳伯陶、張學華、梁慶桂、桂玷等，連名致書伯南，請其恢復祀孔，重修聖廟，舉行春秋二祭，提倡學校讀五經等事，伯南均立即接納，一一切實施行，其從善如流如此。此是伯南為人忠厚之表現，故能以忠厚傳家也。

每一個人，十隻手指有長短，有其所長，自然亦有其所短，任何人均在所不免。知人論世，評論貴乎公道，隱惡揚善，本來是應該的，但倘若一味恭維，而半句公道說話不講，便不足以信今而傳後，成名之人過去的短處，亦應該指出，昭示後人，俾後之來者，知所警惕，此亦秉筆者之責也。

伯南生平值得稱贊之事，上文已詳，茲再略敘其過失，使讀者可瞭解其全貌。

那時國家的政策，是反共的，中央與地方均一致，凡是共產黨之被捕者，必處死刑，情狀嚴重者，往往就地正法，國家規定之大法如此，依法執行，無可非議。惟被處死之人，必須情真罪確者方可，決不能以「莫須有」三字，而草菅人命，此天理也，亦人情也。當時南京國民政府僑務委員會委員長陳樹人之子陳復，留學莫斯科，畢業回國，他原籍廣東番禺縣，到京省親後，回粵省墓，陳復是外國留學生，習染歐風，男女交際，是一件極平常事，他或想在粵謀一官半職，乃奔走於伯南之門，以為進身之階。陳復所擅長為駕駛汽車，偶然一次為伯南之眷屬駕駛汽車出遊，陳復坐在汽車之前排，執行司機工作，伯南眷屬等坐在後排，此原是一件極尋常之事，不足為怪。這位陳復真是倒霉，或係該行死運，駕車時行經登峯路，迎面遇著伯南，軍人頭腦究竟單純，一時憤火沖天，誤會陳復行為曖昧，竟命公安局長何犖，立即拘捕陳復，牽往南石頭鎗決，既未審訊，更無罪狀宣佈，就是陳復本人亦不自知「所犯何罪，罪犯何條？」竟到枉死城去了。

當時去過莫斯科留學之人不少，並不是去過的便是共產黨，就是伯南本人，亦是曾經去過蘇俄的，倘若陳復是共黨，那時決不會貿貿然到京到粵之理。尚有兩位最難堪的朋友，便是陳樹人夫婦，樹人由南京致電伯南，查詢其子的下落，伯南覆電謂陳復並未來粵，竟以不了了之。筆者在京晤見樹人，談及此事，樹人為之流涕不已。伯南這樣做，是對朋友不住的，後來他明白了，悔之已遲，此伯南之過失也，事在民國二十三年。

胡、陳之間發生隔閡

由民二十一至民二十四之上半年，胡漢民均僑居香港，未有履及粵垣，西南雖然組織成為一個集團，胡氏隱然是政治首領，伯南則是軍人領袖，因胡氏久居於港，不赴廣州，與伯南見面太少，易生隔閡，胡之政治主張，命人用言語傳達於伯南者，伯南往往不能奉行，胡不能行其志，深感苦悶，於民二十四夏間，離港赴海外旅行，換換空氣，隨行者除女公子木蘭之外，尚有隨員程天固等。

上文謂民二十一至二十五，廣東局面可稱小康，南京方面亦然，蔣、汪精誠合作，蔣先生以全力在江西勦共，軍事順利，漸告肅清，殘餘紅軍，流竄二萬五千里而至延安。汪精衛任行政院長，埋首建設，此時財政統一，粵漢鐵路通車，百廢俱舉，政治欣欣向榮，一切皆上軌道。國內除陳銘樞等在閩叛變，轉瞬敉平，此外再無內戰之事，大江南北及黃河南北，均極安謐，可與廣東同時稱為小康。自民元以來，任北洋政府的國務總理，及任南京的行政院長者，均未有繼任事四年之久的，汪精衛是破天荒的一個，此是能久於其任者的效果。

程天固有意放出空氣

民二十四之冬，汪精衛在南京中央黨部廣場，被兇手行刺，擊中三鎗而不死，最要害是背部一鎗，短期內不能執行職務，辭職赴法國休養。程天固乃勸胡漢民趁此機會回國，由程氏放出空氣，謂胡將赴南京，再與蔣先生合作。伯南聞此消息，至感不安，因西南兩機構，及第一集團軍總司令之番號，完全是靠胡氏在黨的名望作幌子的，他若去了南京，西南的一切等於瓦解了。於是，伯南待胡氏乘輪抵港之日，發動廣東政、軍、黨、學各界人士千數百人在港歡迎胡氏返粵，胡本無赴京之誠意，不過程天固有意放出此空氣，驚醒伯南，希望其能接納胡先生的政治主張而已。

胡先生於民二十四之冬返穗，居住於東山之梅花村，曾約筆者夜談，尚殷殷垂問汪的傷狀，謂背部子彈，倘若西醫無法取出，可改延中醫，或有吸取子彈出來的秘方，可細心訪尋之上，云云。汪、胡間的友情，藕斷絲連，可謂微妙之至。刺汪案發生，南京中樞異常震怒，下嚴令限一星期破案，後來查出確實證據，是由陳銘樞主使的，陳之所以出此毒手，以汪氏自民十六之後，一切活動皆失敗，亡命四方，弄到焦頭爛額，民二十，得陳銘樞為之奔走，拉攏蔣、汪合作成功，出任行政院長，足足四年，乃陳銘樞本身所任的行政院副院長兼交通部長、以及京滬衛戍總司令三個要職，均於汪氏登場時一併開缺（原因是淞滬抗戰，十九路軍需要調防福建）。翌年陳在閩叛變又失敗，既失意、又怨恨，惱羞成怒，乃出此卑污手段以洩憤，可謂無聊之極。

伯南與陳銘樞共事數十年，久共患難，當初同在李耀漢部下同任營長。民十八，伯南為第八路總指揮，陳銘樞為廣東省政府主席，旗鼓相當，互相競秀，伯南性忠厚，銘樞性輕薄而取巧，兩人個性完全兩樣，銘樞平日是瞧不起伯南的，但伯南之結果，在寶島以福壽終，國府飾終之典，相當優隆。陳銘樞日暮途窮而投靠紅朝，不知死所，刻薄究竟是不及忠厚的。

胡漢民氏病逝梅花村

民二十四之冬，伯南迎接胡漢民返穗居住，以便面洽一切大計，在東山梅花村建築石灰洋樓一座，供胡氏安居之所，俾胡氏與眾同志會晤亦方便，自然比較住在香港好得多，可惜胡先生在此屋住了半年左右，便撒手塵寰了。

胡先生身體本來不甚健康，五十歲後，有血壓高之病，在南京時已然，南下後依然如此。大凡身體欠健康之人，神經容易衝動，俗語謂為「肝氣盛」，情感衝動時，血壓更高，過於集中精神之時亦然。胡先生生平絕無不良嗜好，是一位標準的正人君子，他在南京為立法院長三年之久，足跡未有到過上海，滬濱十里洋場，繁華富庶，為昔日東亞第一大商埠，南京諸要人，每逢週末，大多數必到上海休息，就是筆者官如芝蔴綠豆之微，每月出糧後（香港俗稱發薪為出糧），亦不免到上海去玩一次，換換空氣。胡先生是卓然獨異，他討厭去上海，每於紀念週演講，責備公務員無故而到上海租界，指為是一件「行為不檢」之事。他老人家更加能夠以身作則了。

胡先生唯一的嗜好，便是圍棋，手法相當高。當年段祺瑞亦好此道，民六，胡先生到北京，嘗與段氏一枰相對，段之技，本不及胡，胡知段之脾氣好勝，每對段讓步，或打成平手，以期不致因小故使段不歡。民二十五春末，胡先生方與同志圍棋，正在聚精會神之際，精神過於集中，血壓忽然猛升，腦血管爆裂（俗稱中風），延醫救治無效，疾終正寢，享年五十有八。（積閏可稱六十，這是廣東風俗），遺體移送中山紀念堂大殮，舉行國葬。伯南為治喪委員會主任委員，對胡先生之飾終典禮，備極優隆。

國民黨西南執行部及西南政務委員會兩機構，是以胡先生為重心的，胡先生逝世後，自噲以下，未足以資號召，不到三個月，西南局面瓦解。

「機不可失」伯南下野

胡漢民逝世後兩月，兩廣有秘密的異動，伯南及李宗仁在那時，當然是有默契的。那時筆者之繼室江氏，卒於廣州，筆者方在穗治喪營葬，未有參加西南的政治工作，不甚知其詳細內容，只略知其大概。李宗仁之參謀長張任民，曾由筆者妻兄江叔穎之介紹，數度來訪，謂李總司令宗仁極願與汪精衛先生再度合作，與筆者商討有何方法，能迎接汪先生於短期內迅速回國，領導兩廣云云。那時汪氏因傷後在法國療養，陳璧君完全斷絕其消息。筆者實在不知汪氏住址，張君以此為問，可謂問道於盲。

伯南平日敬信神祇，信仰扶乩之術，聞其曾以出兵長征之企圖，叩問於神仙，乩筆竟扶出「迎汪」兩個字，可謂奇突，又扶出「機不可失」四個字。伯南誤會以為真是好機會來臨了，於是兩廣異動的佈署愈熾，但不過是極少數人的主張，西南兩機構諸要人，多數不表同情，諒想內部一定鬧著相當糾紛，最肯叫囂之政客僅有劉蘆隱一人，其餘蕭佛成、鄒魯、林雲陔、陳融等，均極力反對，先後離穗赴港，表明心跡。

駐汕頭之師長李伯豪將軍（漢魂），首先宣佈與伯南脫離關係，封金掛印而去，當時此事最為噲炙人口。鄧劍泉師長（龍光）亦繼之。俄而廣東空軍司令黃光銳，統率廣東全部飛機及空軍人員，一致駕機飛赴南京報到。「乩筆」所云「機不可失」四個字，原來是作如此解釋，真是不可思議之事矣！廣東海軍的魚雷艇數艘亦由艦長鄧某率領，逃之夭夭，脫離西南而去。大約伯南此時交入劣運，有眾叛親離之象矣！

伯南所部軍長余漢謀，駐兵南雄，其夫人上官氏，與中央軍的將官上官雲相，是兄妹關係，兩廣的密謀異動，南京中樞早已接獲情報，當然會籌劃對策，預為佈置。余漢謀深明大義，在上官雲相策動下，表示服從中央，由南雄率兵南下向伯南表示兵諫，伯南遂通電下野，「南天王」的寶座，於是乎告終。

西南執行部及西南政委會兩機構，亦於民二十五之夏解體，歸政中央。南京國民政府特任余漢謀為廣東軍事長官，黃慕松為廣東省政府主席。不久，黃病卒，繼之者是吳鐵城。

下野、遊歐、返國！

伯南下野後，赴歐洲遊歷，以廣見聞，遍經英、法、德、義、瑞士、捷克、希臘、匈牙利、南斯拉夫諸國，約逾一年。民二十六，蘆溝橋七七事變起，抗戰軍興，乃東歸赴國難。民二十八，國府遷至重慶，伯南捐輸大洋七百萬元，以助軍費，最高當局嘉其熱誠，起用為國府委員、最高國防會議委員、戰略顧問委員會委員。民二十九，任農林部部長，注重增加生產，以俗民食，舉凡農林、漁牧、墾殖諸大端，皆能兼籌併顧，分別設施。初，河南省歲荒，饑民西移就食，乃於陝甘兩省增設墾區四處，收容災民數萬人，存活甚眾，安定戰時後方，不無微勞焉。

伯南之夫人莫秀英女士，因病僑居香江，伯南伉儷情深，民三十冬，請假赴港視妻疾，適日冠南侵，香港亦淪陷，旅港許多要人，被日寇俘去，伯南偽裝商賈，易服潛遁，履經淪陷區，越過關隘重重，始能脫險，經西江轉茂名，而遄返重慶。

民三十四之秋，日寇投降，國府派伯南及李文範為兩廣宣慰委員，沿途撫卹民眾，於地方利病，多所注意。

迨民三十八，赤氛大熾，東北及華北相繼淪陷，戰火延至蘇北，淮海大會戰亦失利，李宗仁以副總統臨時代理總統職務，特任伯南為海南行政長官、兼警備總司令，無奈赤燄蔓延，及於南服，兩廣亦相繼變色，伯南會同余漢謀、薛岳兩將軍，據守海南島，陳兵設防，支撐危局，與共軍相持逾月，嗣遵中央決策，率部退駐臺灣，任總統府資政、戰略顧問委員會委員。

蓋棺論定、結束本文

先是，伯南以第一集團軍存有公積金頗多，民二十三在香港設立德明中學，將公積金撥充學校經費，造就人才甚眾。到臺灣後，瞬經六年，匡居多暇，不欲自逸，正擬在臺北籌設學校，作育人才，以救時變，籌劃已有眉目，將就緒矣，民四十三，十一月三日，伯南晨出相校地，突患腦管栓塞症，卒於村舍，享壽六十有五。

事聞，總統蔣公震悼，特頒明令褒揚，文云：「總統府資政陳濟棠，夙懷遠略，學裕韜鈐，曾隸同盟，獻身革命，民國肇建，迭總師干，駐節羊城，特宏建樹，抗戰軍興，任軍事委員會暨國防最高委員，農林部部長，式輸忠藎，益懋勳華。鯨波甫平，赤寇禍國，時膺海南行政長官，兼警備總司令之職。搘拄艱危，勞勳備著，方冀於光復大業，多所獻替，乃以猝攖末疾，遽捐館舍，軫悼良深！應予明令褒揚，並將生平事蹟，宣付國史館，用示政府篤念勳賢之至意。此令！」

中國國民黨中央常務委員會，組會治喪，以陳誠副總統為主任委員，飾終之典，備極優隆，葬於臺北北投丹鳳山之陽。

伯南生於前清光緒十六年正月二十三日寅時，其八字為庚寅、戊寅、甲子、丙寅，丑宮立命，天干倒三奇，地支三虎排牙，子寅暗邀丑貴，甲戊庚聚廣於丑，庚金獨殺當頭，四柱純陽不雜。格局清奇，氣象雄偉，甲屬棟樑之木，書云；斧斤以時入山林，材木不可勝用也。以庚金殺星為斧，是為用神所在。以丙火制殺太過為病，一望而知為彊帥之命。中年行壬運制丙，威權最隆，穩坐「南天王」寶座數年，為全盛時期。民二十五，歲值丙子，在午運內，丙之陽刃在午，丙火之病復熾，庚金失其效用，況午仲子，坐下逢沖，難安於位，（甲坐子）拱貴之局亦破，安得不下野。民二十九，庚辰年，再出為農林部長，可知庚金為喜神。民四十三，歲次甲午，六十五歲，甲庚相沖，犯太歲，在申運內，申寅損祿，地支干戈迭起，日元與太歲，又復天比地沖，皆非吉兆，故歸道山。申運是庚之祿堂，本是用神旺地，弊在甲絕於申，可說是壽終於佳運之時，得膺明令褒揚，生榮死哀，以往之龍濟光無此光寵，李濟深死時，亦絕無此等際遇。廣東三濟之中，伯南之福澤最隆，此亦忠厚之果報也。

血歷史163　PC0855

新銳文創
INDEPENDENT & UNIQUE

廣東現代化的傳奇推手：
南天王陳濟棠自傳

原　　著　陳濟棠
主　　編　蔡登山
責任編輯　石書豪
圖文排版　林宛榆
封面設計　蔡瑋筠

出版策劃　新銳文創
發 行 人　宋政坤
法律顧問　毛國樑　律師
製作發行　秀威資訊科技股份有限公司
114 台北市內湖區瑞光路76巷65號1樓
電話：+886-2-2796-3638　傳真：+886-2-2796-1377
服務信箱：service@showwe.com.tw
http://www.showwe.com.tw
郵政劃撥　19563868　戶名：秀威資訊科技股份有限公司
展售門市　國家書店【松江門市】
104 台北市中山區松江路209號1樓
電話：+886-2-2518-0207　傳真：+886-2-2518-0778
網路訂購　秀威網路書店：https://store.showwe.tw
國家網路書店：https://www.govbooks.com.tw

出版日期　2019年11月　BOD一版
定　　價　230元

國家圖書館出版品預行編目

廣東現代化的傳奇推手：南天王陳濟棠自傳 / 陳濟棠原著；蔡登山主編. -- 一版. -- 臺北市：新銳文創, 2019.11

面； 公分. -- (血歷史；163)

BOD版

ISBN 978-957-8924-77-2(平裝)

1.陳濟棠 2.傳記

782.886 108017349

讀者回函卡

感謝您購買本書，為提升服務品質，請填妥以下資料，將讀者回函卡直接寄回或傳真本公司，收到您的寶貴意見後，我們會收藏記錄及檢討，謝謝！

如您需要了解本公司最新出版書目、購書優惠或企劃活動，歡迎您上網查詢或下載相關資料：http:// www.showwe.com.tw

您購買的書名：________________________________

出生日期：________年________月________日

學歷：□高中（含）以下　□大專　□研究所（含）以上

職業：□製造業　□金融業　□資訊業　□軍警　□傳播業　□自由業

□服務業　□公務員　□教職　□學生　□家管　□其它____

購書地點：□網路書店　□實體書店　□書展　□郵購　□贈閱　□其他

您從何得知本書的消息？

□網路書店　□實體書店　□網路搜尋　□電子報　□書訊　□雜誌

□傳播媒體　□親友推薦　□網站推薦　□部落格　□其他________

您對本書的評價：（請填代號　1.非常滿意　2.滿意　3.尚可　4.再改進）

封面設計____　版面編排____　內容____　文／譯筆____　價格____

讀完書後您覺得：

□很有收穫　□有收穫　□收穫不多　□沒收穫

對我們的建議：________________________________

____

____

____

請貼
郵票

11466
台北市內湖區瑞光路 76 巷 65 號 1 樓
秀威資訊科技股份有限公司 收
BOD 數位出版事業部

（請沿線對折寄回，謝謝！）

姓　　名：＿＿＿＿＿＿＿＿　年齡：＿＿＿＿　性別：□女　□男

郵遞區號：□□□□□

地　　址：＿＿＿＿＿＿＿＿＿＿＿＿＿＿＿＿＿＿

聯絡電話：(日)＿＿＿＿＿＿＿＿(夜)＿＿＿＿＿＿＿＿

E-mail：＿＿＿＿＿＿＿＿＿＿＿＿＿＿＿＿＿＿